Graciela Vázquez

Spanisch in Übungen

Kommunikationsbeispiele mit Aufgaben
zu wichtigen grammatischen Stoffgebieten

Volk und Wissen Verlag GmbH

Autorin und Verlag danken
Sra. Paloma Martín Luengo, Freie Universität Berlin, und
Sra. Alejandra Navas Méndez, Universität Potsdam,
für eine kritische Durchsicht des Manuskripts.

Für eine systematische Wiederholung und Festigung des grammatischen
Stoffes steht folgendes Lehrwerk zur Verfügung:

Kurze spanische Sprachlehre ISBN 3-06-531194-1

Die Deutsche Bibliothek – CIP-Einheitsaufnahme

Vázquez, Graciela:
Spanisch in Übungen : Kommunikationsbeispiele mit Aufgaben
zu wichtigen grammatischen Stoffgebieten / Graciela Vázquez.
[Ill.: Klaus Vonderwerth ; Gerhard Medoch]. - 1. Aufl. - Berlin
: Volk-und-Wissen-Verl., 1994
ISBN 3–06–531151–8

ISBN 3 – 06 – 531151– 8

1. Auflage
5 4 3 2 1 / 98 97 96 95 94
Die letzten Ziffern bezeichnen die Zahl und das Jahr dieses Druckes.

© Volk und Wissen Verlag GmbH, Berlin 1994
Printed in Germany
Redaktion: Gisela Domke
Einbandgestaltung (unter Nutzung des «Don Quijote» von Picasso
und eines Fotos der Maya-Pyramide von Chichén Itzá, El Castillo)
und Piktogramme: Gerhard Medoch
Illustrationen: Klaus Vonderwerth
Fotos (S. 12): Alejandra Navas Méndez
Layout: Marion Röhr
Druck und Binden: Thamhayn, Gräfenhainichen

Indice – Inhaltsverzeichnis

El verbo – Das Verb

Verbos irregulares – Unregelmäßige Verben

Modelo: e > ie; e > i; o > ue; u > ue

SL 38–62

1. Completa los siguientes diálogos.

1. – ¿A qué _____ ?
   • ¿Por qué no _____ tú solito que yo tengo mucho
   que hacer?

   jugar

2. – ¿Me _____ una cerveza? _____ en
   seguida.
   • ¿Negra o rubia?

   pedir /
   volver

3. – ¿Salimos esta noche?
   • ¿Sabes qué? _____ quedarme en casa.
   No _____ bien y mañana _____ una
   semana de mucho trabajo.

   preferir
   sentirse /
   empezar

4. – ¿Qué _____ hacer en las vacaciones de invierno?

   pensar

   • Pablo tiene ganas de ir a esquiar, pero yo no
   _____ . ¿Y vosotros (ustedes)?

   poder

   – Seguro que vamos a la sierra, como siempre, aunque
   hace años que _____ con una isla en el Caribe.

   soñar

5. – ¿ _____ de Juan, ese tipo tan divertido que
   conocimos en casa de Javier?

   acordarse

   • ¡Cómo no voy a acordarme! Si _____ sólo
   de pensar en los chistes que contaba ...

   reírse

6. – ¿Dónde (nosotros) _____ ?
   • Si no _____ , en la esquina de siempre.
   – ¿ _____ sola?
   • Vamos a ver.

   encontrarse
   llover
   venir

7. – ¿De qué _____ ?   reírse
   • De ti. ¿Te has mirado al espejo esta mañana o es que
     siempre _____ así?   vestirse

8. – A ver cuando (vosotros) _____ a cenar.   venir
   • Esta noche no _____ porque _____ otro   poder /
     compromiso, pero si (tú) _____ , vamos el   tener
     sábado a la noche, ¿vale?   querer
   – ¡Cómo no! Y también se lo dices a Teresa que hace
     meses que no _____ por aquí.   venir

9. En un restaurante
   – ¿Qué te parece si _____ una paella?   pedir
   • _____ otra cosa.   preferir
   – ¿No te gusta el pescado?
   • No es eso. Es que no llevo dinero y la paella
     _____ mucho.   costar
   – ¡Pero qué _____ ! ¡Qué estás _____ !   decir
     Si yo invito, yo pago.
   • Bueno ... Si insistes ...

10. – ¡Contigo las horas _____ !   volar
    • Aquí la única que _____ es esa mosca.

Modelo: verbos en –cer

SL 63, 64

*2. Completa las frases con la forma correcta del verbo. Se trata de que prac-
tiques un grupo de verbos que presentan irregularidades en la primera persona
del presente de indicativo y por eso también en subjuntivo.*

1. – ¿ _____ a Javier Portales?   conocer
   • A él no, pero _____ a su hermana. ¿Por qué me
     lo preguntas?
   – Mejor que no lo _____ . Es más tonto ...

2. – ¿Te _____ un whisky?   ofrecer
   • Te he dicho mil veces que no me _____ alcohol.

3. – ¿Sabes qué? Que te _____ mucho todo lo que has   agradecer
   hecho por él. De verdad. Lo has ayudado muchísimo.
   • Bueno, chica, que me lo _____ Juan que,
   después de todo, es a quien he ayudado.

4. – ¿Cómo tengo que decirte que no me gusta que
   _____ de noche y con mal tiempo?   conducir
   • ¡Pero si yo _____ con los ojos cerrados!

5. – ¿Qué te _____ si me _____ por tu casa   parecer
   después de cenar?   aparecer
   • Es mejor que te _____ un poco más tarde,
   cuando todos se hayan ido a la cama.

6. – ¿Pero tú crees que me _____ que me hables así?   merecer
   • Que te lo _____ o no, ya no me interesa.

7. – Si yo _____ la primera parte, ¿tú me ayudas a   traducir
   traducir el resto?
   • ¿Por qué no le pides a Carlos que te lo _____ él?
   En este momento no tiene nada que hacer.

Diversas irregularidades

SL 34, 35; 37; 51, 55–61

> Con la reiteración *(Wiederholung)* de las formas del subjuntivo y / o
> imperativo negativo se expresa una idea de indiferencia.

3. *Transforma las siguientes frases como en el ejemplo.*

– Si mañana **llueve**, nos quedamos sin excursión.
• Que **llueva** o no **llueva**, a mí me da igual. Detesto las excursiones.

1. – ¡Qué suerte tienes que el jefe **llega** tarde hoy!
   • Que _____ o no _____ , me importa un comino
   (ist mir völlig schnuppe). Yo hago lo que quiero.

2. – Parece que hay un detective que está **averiguando** *(ermitteln)* lo que pasó la semana pasada.
   • Que el detective _____ o no _____ , me da igual. Yo no tengo nada que ver con eso.

3. – Hoy no voy a pasar a **recogerte**. Estoy cansada de hacer de chófer.
   • Que me _____ o no me _____ , me resulta indiferente, pero si no vas a venir, no olvides dejarme las llaves del coche.

4. – Después de lo que me han hecho, ¡ni pienso **dirigirles** la palabra!
   • Que les _____ o no les _____ la palabra, no les importa para nada. Lo que ellos quieren es provocarte.

5. – ¡Nos encantaría **conseguir** entradas para ver esa obra!
   • Que las _____ o no las _____ , no importa. Yo tengo un amigo que puede daros algunas.

6. – Pase lo que pase, yo quiero **seguir** saliendo con esa / e chica / o.
   • A mí me da igual que _____ o no _____ saliendo con ella / él, lo que no quiero es que la / lo traigas a casa.

7. – Si sigues perdiendo el tiempo, no **alcanzaremos** el tren.
   • Que lo _____ o no lo _____ , me da igual. Prefiero terminar de comer en paz y después ya veremos.

8. – Tengo que salir a **buscar** piso sea como sea *(jedenfalls)*.
   • Que _____ o no _____ , da igual por el momento: nadie quiere alquilar *(vermieten)* y todos quieren vender.

4. *Completa las frases utilizando un verbo en perfecto simple (pretérito indefinido). Recuerda que estás practicando verbos con variaciones ortográficas.*

1. – ¿Finalmente has encontrado las llaves?
   • _____ y _____ y no las encontré.   buscar

2. – ¿Pero qué haces en casa? ¿No querías ir al cine?
   • Es que _____ tarde y ya no había más entradas.   llegar

3. – ¿Has podido enterarte de algo?
   • Sólo _____ que hay un detective que investiga   averiguar
   (untersuchen) el caso.

4. – ¿Y qué tal el libro que te regalé?
   • Lo _____ ayer, pero sólo leí tres páginas.   empezar

5. – ¿Le has contado a Rosa lo que pasó?
   • Sí.
   – ¿Y?
   • _____ muchísimo.   reírse

6. – ¿Qué le pasa a tu hermano que está de mal humor?
   • Le _____ la profesora.   reñir
   – ¿Y por qué?
   • Llega siempre tarde.

7. – ¿Sabes una cosa? A Pedro le han quitado el carnet de
     conducir.
   • Ah ... , entonces me _____ . Me contó que no   mentir
     podía conducir porque se le habían roto las gafas.

8. – ¿Sabes dónde puedo encontrar a Pablo?
   • Se fue. Hace una hora él y sus amigos _____   despedirse
     y _____ que no volverían hasta el mes que viene.   decir

9. – ¿Ya se sabe quién ganó el Premio Nóbel de Literatura?
   • Parece que _____ a una mujer, pero no estoy   elegir
     segura / o.

10. – ¿Por qué no fue a trabajar?
    • Después de cenar _____ mal. Llamaron al   sentirse
      médico y lo internaron en seguida.

11. – ¿De qué _____ ?   morir
    • No se sabe, pero se cree que fue un error del médico.

12. – ¿Ya has hablado con tu madre?
    • Todavía no. Anoche llegó muy cansada y _____   dormirse
      en seguida.

13. Últimamente *(in letzter Zeit)* te noto triste.
    • Es que _____ una dieta y me lo estoy pasando   empezar
      fatal.

5. *Ahora se trata de que practiques los verbos **tener, estar, andar, ser, ir, saber, haber, ver** en perfecto simple (pretérito indefinido).*

– Cuéntanos lo que has hecho en las vacaciones. ¿Dónde habéis estado?

• (1) _____ (ir) a Costa Rica. Primero (2) _____ (estar) en la costa del Caribe y al final del viaje (3) _____ (andar) un poco por la del Pacífico.

– ¿Y qué tal el tiempo?

• (4) _____ (haber) de todo. Si llovía por la mañana, había sol por la tarde y si había sol por la mañana, el resto del día teníamos lluvia. En general, (5) _____ (tener) mucha suerte.

– ¿Siempre es así?

• ¿Con el tiempo?

– Sí.

• Bueno ... Hay dos estaciones y a partir de septiembre hasta diciembre es la época de lluvias.

– ¿Y cómo os habéis movido por el país?

• A mí me hubiera gustado alquilar un jeep, pero era muy caro. Entonces (6) _____ (ir) en autobús a todas partes. Y en realidad (7) _____ (ser) una excelente idea porque así conocimos mucha gente y (8) _____ (ver) lugares que no estaban en la guía de turismo.

– ¿Te gustaría volver?

• En cualquier momento.

6. *Este ejercicio es igual al anterior, sólo que cambian los verbos: **poner, poder, hacer, querer** y **venir**.*

– ¿Sabes qué? No puedo acordarme de lo que he hecho con las gafas.

• Vamos a ver. Trata de recordar lo que (1) _____ (hacer) al llegar a casa.

– Pues bien: entré y creo que las (2) _____ (poner) sobre la mesa.
En ese momento sonó el teléfono ... tengo un teléfono celular *(Handy)*.
(3) _____ (querer) contestar, pero como no llevaba las gafas, no (4) _____ (poder) encontrar el teléfono en seguida. Entonces (5) _____ (venir) Miguel y me preguntó qué pasaba, que el teléfono estaba sonando. Le expliqué que no sabía qué había hecho con las gafas. Las buscamos los dos, pero no (6) _____ (poder) encontrarlas. En ese momento (7)

_____ (venir) los vecinos de abajo a preguntar por qué no contes-
tábamos el teléfono, y cuando (8) _____ (querer) explicarles lo que
pasaba, (9) _____ (poner) mis gafas sobre la mesa diciendo que yo
no perdía la cabeza porque la llevaba pegada *(etwa: weil er festsitzt)*. Yo
ni siquiera (10) _____ (poder) darles las gracias porque se marcharon
en seguida ... ¡dejando unas gafas sobre la mesa! Mis vecinos son así, buena
gente, pero un poco distraídos.

El imperativo – Der Imperativ

SL 611–619

1. Completa el diálogo.

La familia ha decidido ahorrar. Tanto el Sr. como la Sra. Campo compran
muchos libros y discos, van a menudo al cine y salen con los amigos. Los
chicos también «cuestan dinero» porque van a la escuela y necesitan ropa y
lógicamente quieren divertirse.

Los padres les dicen a los chicos:
No (1) _____ (dejar) las luces encendidas.
No (2) _____ (tomar) siempre el autobús que la escuela no está lejos.
No (3) _____ (comprar) tantas golosinas *(Süßigkeiten)*.
No (4) _____ (gastar) tanta agua.
No (5) _____ (hablar) tanto por teléfono.

Y los chicos, a los padres:
No (6) _____ (salir) todas las noches.
No (7) _____ (cenar) tanto afuera.
No (8) _____ (ir) tanto al cine.
No (9) _____ (mandar) la ropa a la lavandería.
No (10) _____ (invertir) tanto dinero en muebles nuevos.

Y todos juntos deciden:
No (11) *tengamos* asistenta *(Haushaltshilfe)*.
No (12) _____ (hacer) tantos viajes.
No (13) _____ (salir) todos los fines de semana.
No (14) _____ (gastar) tanto dinero en diversiones *(Vergnügungen)*.
No (15) _____ (usar) tanto el coche.

1.a *Imagínate que se trata de una familia latinoamericana. ¿Qué formas usarían?*

2. *Órdenes y más órdenes.*

La familia Martín Luengo es lo que se llama una familia numerosa. En un departamento de cuatro habitaciones viven los padres, ocho hijos, la Tata *(Kinder- und Hausmädchen)* – que es muy viejita y sorda – y el perro. Durante el día cada uno hace su vida, pero a la hora de cenar están todos juntos.

MAMÁ	Hijos, vamos a dar gracias a Dios por esta comida.
MARISA	Mamá, (1) _____ (rezar) tú si quieres, pero (2) _____ (dejarnos) en paz con esas cosas que ya está bien ...
PAPÁ	¡(3) _____ (tratar) a tu madre con más respeto! ¿O ya te has olvidado del cuarto mandamiento?
MAMÁ	No hay nada que hacerle, Raimundo, es la universidad ... A esta niña me la han cambiado.
YOLANDA	Mamá, ¿qué hay para comer?
MAMÁ	Paella.
PACO	¿Otra vez?
PAPÁ	Tú, (4) _____ (comer) y (5) _____ (callar), y si no te gusta la comida de tu madre, ¡al restaurante!

PACO   No, si era un decir ...

PALOMA   Maite, (6) _____ (pasarme) la sal, ¿quieres?, que esto no tiene gusto a nada y (7) _____ (apagar) el televisor, que así no se puede conversar ...

TATA   No, no, no, no, que ya empieza el culebrón *(hier: Fernsehserie)*. ¿Se puede saber dónde está Kety?

NURIA   ¡Pero Tata! Los culebrones son por la tarde, y Kety se ha casado hace tres años y vive en Asturias.

TATA   Eso decía yo.

JAVIER   ¡Buenas noches! Mmmmmm ... ¡Qué bien huele!

MAMÁ   (8) _____ (sentarse), hijo. (9) _____ (probar) la paella, ¿no está buena? Anda, (10) _____ (servirse) un poco más. ¿Te gusta?

JAVIER   ¿No hay agua mineral?

MARISA   Si quieres agua, (11) _____ (ir) a la nevera o (12) _____ (bajar) a comprar, que esto no es un hotel.

NURIA   Papá, el perro quiere salir ...

PAPÁ   (13) _____ (abrirle) la puerta, (14) _____ (sacarlo) a pasear, (15) _____ (hacer) lo que quieras, ¿o acaso es sólo mío el perro?

MAMÁ   Estás muy nervioso, Raimundo. (16) _____ (tomarse) una tila *(Lindenblütentee)* y (17) _____ (acostarse), que mañana será otro día.

YOLANDA ¿A quién le toca lavar los platos?

PACO   Yo lavé ayer.

PALOMA   Anda, Javier, (18) _____ (lavarlos) tú, que yo seco. Y tú, Maite, (19) _____ (barrer) la cocina, que entre todos terminamos antes, ¿vale?; y tú, perro, (20) _____ (salir) a tomar el fresco ..., ¡ale!

3. *Una madre aconseja a otras madres cómo liberarse de los hijos que no quieren independizarse. Tú escribe las formas correctas.*

Lo más importante es ...: ¡No (1) _____ (ser) una madre perfecta! (2) _____ (sacar) a sus hijos de la cama temprano, aunque no estudien ni trabajen. (3) _____ (recordarles) todas las normas de higiene, y apenas su hija/o se levante (4) _____ (decirle): (5) _____ (cepillarse) los dientes, (6) _____ (limpiarse) las uñas, (7) _____ (ponerse) desodorante. Si su hija /o ya trabaja, (8) _____ (acompañarla / lo) hasta la puerta de calle y (9) _____ (reco-mendarle) en voz alta para que todas las vecinas escuchen: – Hija / o, no (10) _____ (volver) sola/o de la oficina, (11) _____ (hacer) el viaje con un/a amigo/a y no (12) _____ (cruzar) la calle cuando esté en rojo. Hija/o,(13) _____ (comerse) el bocadillo, que no has desayunado y ahora (14) _____ (darse) prisa, que vas a llegar tarde. Para terminar, (15) _____ (utilizar) la técnica del beso: (16) _____ (besar) mucho a su hija/o, especialmente delante de sus amigas/os. (17) _____ (decirle) que está cada día más guapa/o y que es muy, pero muy inteligente. Por las noches, con el pretexto *(Vorwand)* de darle un beso, (18) _____ (meterse) en su habitación, sobre todo a las dos o tres de la mañana: si está dormida / o, (19) _____ (despertarla / lo) diciendo: ¡Gracias a Dios, hija / o, que sigues en casa!
Y si todo fracasa, y si siguen pensando que el mejor lugar del mundo para vivir es el hotel «Elternhaus», entonces (20) _____ (comentarle) al chico que sale con su hija que la nena está de mal humor porque no se siente bien, o (21) _____ (explicarle) a la novia de su hijo que el nene, desde pequeño, sufre de estreñimiento *(Verstopfung)* y que se hace pis en la cama cuando ve películas de terror. Para resumir: (22) _____ (tratarlas / los) como a niñas / os, aunque sus hijos ya tengan canas *(weiße Haare)*, (23) _____ (olvidarse) de esas comidas que tanto les gustan y (24) _____ (espantarles) a los novios y a las novias. Usted que quiere a sus hijos con locura *(wahnsinnig)*, que lo ha dado todo por ellos, (25) _____ (tomarse) un respiro antes de que sea demasiado tarde.

Texto inspirado en el libro de María Teresa Campos:
Cómo liberarse de los hijos antes de que sea demasiado tarde.
Colección El Papagayo. Ediciones Temas de hoy. 5ª Edición, 1993

ser – estar – hay

SL 540–544, 547, 548, 552, 562

1. Combina la pregunta con la respuesta correspondiente. A veces hay más de una posibilidad.
Si no comprendes, pídele a una persona que sabe español que te dé un contexto.

1	¿Quién es?	A	De plástico.
2	¿Dónde es la reunión?	B	En casa de un amigo.
3	¿Cuánto es?	C	Está de camarera / o.
4	¿Cuál es?	CH	Muy baratas / os.
5	¿Cuándo es la reunión?	D	A fin de mes.
6	¿Qué es?	E	Para fin de año.
7	¿De qué es?	F	Por la mañana.
8	¿Cómo es? ·	G	La traductora.
9	¿Cómo está?	H	Mucho mejor.
10	¿Dónde está?	I	Para usted, nada.
11	¿Para cuándo está listo?	J	Cruzando el puente.
12	¿A qué hora es la reunión?	K	El más alto.
13	¿Cuándo está en casa?	L	Es arquitecta / o.
14	¿A cuánto están?	LL	Encantador / a.
15	¿A cuántos estamos?	M	A la tarde.
16	¿Quién es Pablo?	N	Nada. Un ruido.
17	¿Y cómo te fue?	Ñ	Me olvidé.
18	¿Qué fue eso?	O	Ése.
19	¿Para quién era?	P	De maravilla.

1	2	3	4	5	6	7	8	9	10	11	12	13	14	15	16	17	18	19
	B																	

2. *Escribe la(s) letra(s) correspondiente(s).*

1. – Lo acaban de llamar por teléfono. Dijeron que volverían a llamar.
   - ¿Quién *era*? (a)
   - ¿Quién *fue*? (b)

2. – ¿Te acuerdas del camino?
   - *Era* por aquí. (a)
   - *Estaba* por aquí. (b)

3. – ¡Que pase el primero!
   - *Soy* yo. (a)
   - *Estoy* yo. (b)

4. – Él se fue.
   - No importa. *Está* ella. (a)
   - No importa. *Es* ella. (b)

5. – ¿Quién sigue?
   - Yo.
   * Disculpe, pero yo *estaba* primero. (a)
   - Disculpe, pero yo *era* primero. (b)

6. – Vuelve a contar. A mí me parece que falta una página.
   - *Están* las ocho. (a)
   - *Son* las ocho. (b)

7. – ¿Y tú crees que es difícil encontrarlos?
   - No. *Son* muchos en casa. (a)
   - No. *Están* mucho en casa. (b)

8. – ¿Podría decirme dónde inscriben para el curso de español?
   - *Es* arriba. (a)
   - *Está* arriba. (b)

9. – ¿Y el próximo Congreso Feminista?
   - *Está* en Colombia. (a)
   - *Es* en Colombia. (b)

10. – ¿Por qué no las compraste?
    - *Estaban* muy caras hoy. (a)
    - *Son* caras hoy. (b)

11. – ¿Y las camas?
    - *Están* por hacer. (a)
    - *Son* para hacer. (b)

3. *Completa los diálogos utilizando* **ser***,* **estar** *o* **hay**.

1. – ¿Sabes qué? En Costa Rica _____ una universidad donde se hacen estudios sobre la paz y las guerras.
   • ¿Dónde _____?
   – No lo sé, pero parece que _____ la única universidad latino-americana donde se estudian esos temas.

2. Juana vuelve a casa después de un largo día de trabajo.
   – ¿ _____ algo para comer?
   • Queso y jamón _____ en la heladera. El agua mineral _____ en el balcón. ¿Pero no te parece que _____ un poco temprano para cenar?
   – Es que no he comido nada en todo el día.

3. – Usted no _____ español, ¿verdad?
   • _____ venezolano y _____ aquí por unos días solamente.
   – ¿De vacaciones?
   • No. Por asuntos de trabajo.

4. – Disculpe, ¿ _____ un banco por aquí cerca?
   • ¿Ve ese edificio tan viejo? Bueno, el banco _____ detrás del edificio.
   – ¿Y cómo se llama la calle?
   • _____ la Avenida del Libertador.
   – Gracias.
   • No _____ de qué.

5. Pablo vuelve del mercado:
   – ¡Mira el salmón que he comprado!
   • ¿Pero tú _____ loco? ¡El salmón _____ carísimo!
   – Por una vez, ¡qué más da! Pero los pimientos _____ muy baratos y por eso compré diez kilos.
   • ¿Me quieres decir cuándo vamos a comernos diez kilos de pimientos?
   – ¡Qué sé yo … ! ¡Tú nunca _____ contenta!

6. – ¿Qué hace tu mujer?
   • _____ profesora de idiomas.
   – ¿Y cuánto gana?
   • _____ cosas que no se preguntan.
   – Perdona, no sabía. ¿Pero gana mucho o gana poco?
   • Los sueldos de los docentes _____ bajos en España, si los comparas con Alemania.

7. – ¿Qué vas a hacer el fin de semana?
   • Teníamos ganas de ir a Hamburgo. ¿Quieres venir?
   – Es que _____ sin trabajo y no tengo dinero.
   • No importa, porque vamos en coche. Si pagamos entre todos, no _____ mucho y como _____ en casa de amigos, todo _____ mucho más barato.

8. – ¿Adónde vamos?
   • _____ un café nuevo en la Plaza Solís.
   – ¿Y qué tal _____ ?
   • Simpático.
   – ¿Sirven comidas?
   • Comidas no, pero siempre _____ tortas caseras.
   – ¿Dónde has dicho que _____ ?
   • En la Plaza Solís.
   – ¿Y dónde queda eso?
   • _____ cerca, se puede ir a pie.

9. – ¿Dónde _____ el coche?
   • En el garaje. ¿Dónde va a _____ ?
   – Es que lo necesito ahora mismo.
   • Llévatelo cuando quieras. No _____ problema.

10. – Oye, ¿me dices dónde _____ un estanco por aquí cerca?
    • _____ dos. Uno _____ cruzando la calle y el otro, al lado del bar «Tropical».
    – Es que necesito sellos.
    • Si necesitas sellos, tienes que ir a correos, porque a esta hora los estancos _____ cerrados.
    – ¿Pero qué hora _____ ?
    • _____ más de las dos.

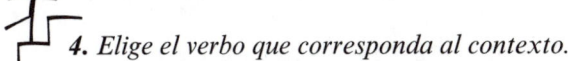

4. *Elige el verbo que corresponda al contexto.*

> ¡Ojo! Con **estar** se expresa una realidad actual o se hace una apreciación subjetiva.

1. – ¡Esta película (está / es) demasiado larga!
   • Bueno, tampoco hay que verla hasta el final ...

2. – Estos pelos (son / están) demasiado largos.
   • Sí, ya es hora de ir a la peluquería.

3. – ¿(Es / Está) claro lo que te quiero decir?
   • Ahora que me lo has explicado, sí.

4. – Tiene un carácter estupendo.
   • Es verdad. Siempre (es / está) alegre.

5. – (Está / Es) una persona muy clara: siempre dice lo que piensa y no se complica la vida.

6. – ¿Y? ¿Qué tal el concierto?
   • No pude entrar. La sala (estaba / era) llena.

7. – Ahora que has terminado los exámenes (estarás / serás) contenta /o, ¿no?
   • Sí, se me cayó un peso de encima.

8. – (¿Es / Está) posible que hayas entendido mal?
   • Tal vez ... La comunicación no (era / estaba) precisamente buena.

9. – (Soy / Estoy) absolutamente descontenta con los resultados del trabajo.
   • Lo que pasa es que tú esperas demasiado de la gente.

10. – ¿(Eres / Estás) enojada / o?
    • No. Sólo de mal humor.

11. – Ahora que (está / es) más vieja /o resulta verdaderamente insoportable.
    • Es verdad. Yo la / lo conocí hace mucho tiempo y (era / estaba) una persona encantadora.

12. – ¡Qué morena (estás / eres)!
    • Es que acabo de llegar de la playa.

13. Mirando fotos
    – Mira, ésta es mi hermana menor, la que vive en Salamanca. ¿Te acuerdas de ella?
    • ¡Qué guapa (es / está)!

14. – ¿(Será / Estará) posible que siempre llegues tarde?
   • Eres tú la / el que llega demasiado temprano.

15. – Estos ejercicios (son / están) muy buenos para repasar.
   • Sí, pero un poco difíciles, ¿no?

5. *Traduce las frases y después clasifícalas según las nueve categorías que te ofrecemos. Escribe el número de la frase en el casillero (Kästchen) correspondiente. Si te parece que son muchas frases, lo puedes hacer en dos días.*

1.	Es el peor.	**Cantidad**
2.	¡Qué bonita es!	
3.	¡Qué bonita está!	
4.	Son profesoras de lengua.	
5.	Fui yo.	
6.	Será de aluminio, que resiste más.	**Juicios de valor**
7.	Estaba nervioso.	
8.	Eran las cuatro de la mañana.	
9.	Eran cigarros cubanos.	
10.	Es azul y blanco y tiene una raya roja.	
11.	Está cruzando la calle.	
12.	¿Estáis en casa?	**Identificación/Origen**
13.	Está bastante bien.	
14.	Es el 29 de febrero.	
15.	Era de metal.	
16.	Era una novela policíaca.	
17.	Está peor que la última vez.	**Apreciación subjetiva**
18.	Estamos en otoño.	
19.	Es en media hora.	
20.	Era de Venezuela.	
21.	Es tardísimo.	
22.	Fue todo mío.	**Temporalidad**
23.	Es grande y fuerte como su madre.	
24.	El mango es una fruta tropical.	
25.	Estaba muy rico.	
26.	Está muy pequeño para la edad que tiene.	**Posesión**
27.	Sería para Pascuas.	
28.	Estamos sin trabajo.	
29.	Es bajo y robusto.	

30.	El Pesquera es un vino del Duero.
31.	Son cuatro meses de sueldo.
32.	Todo está listo.
33.	Está contento.
34.	Está en el norte.
35.	Está muy arriba. Bájalo un poco.
36.	Es de cartón.
37.	Está muy bien así.
38.	¡Está guapísima!
39.	Es de la biblioteca.
40.	Está cerrado.
41.	Es demasiado poco.
42.	Ya es de noche.
43.	Está de profesora en una universidad.
44.	Ha estado grave, pero ya está mejor.
45.	Las flores son de papel.
46.	¿Cuánto es?
47.	Ahora están de vacaciones.
48.	Estoy de paso.

Materia
_____

Estado/Resultado
_____

Localización
_____

6. *Completa los diálogos utilizando* **ser, estar** *o* **hay***.*

1. – ¿Qué tal la fiesta?
   • _____ muy agradable porque (nosotros) no _____ muchos.
   – ¿Quiénes vinieron?
   • Pablo y su mujer, Juan y Andrés, Alicia y su amiga y unos compañeros de trabajo de Tomás.
   – ¿Y qué tal _____ Andrés?
   • Fenomenal. _____ más delgado y muy moreno. Acababan de llegar. Juan y él _____ de vacaciones en Santo Domingo.

2. – ¿Qué _____ de la vida de Paco?
   • La última vez que lo vi _____ sin trabajo.
   – ¿Y eso cuándo _____?
   • _____ terminando el semestre de verano.
   – ¿ _____ segura?
   • Sí.

3. – ¡ _____ increíble!
    Me han robado la bicicleta.
    ¡ _____ la quinta vez!
    • ¿Dónde _____ ?
    – ¿Quién?
    • ¡¿Cómo quién?! ¡La bicicleta!
    – La había puesto en el patio de atrás.
    • ¿ _____ con llave?
    – ¡Lógico!
    • ¿Y de qué color _____ ?
    – Lila.
    • ¿La bicicleta _____ suya?
    – No, de una amiga mía.
    • ¿Y dónde vive su amiga?
    – ¿Usted cree que porque _____ policía me puede preguntar
    cualquier cosa?

4. – Estas llaves _____ mías.
    • No _____ verdad. Las tuyas _____ en la cocina.
    – ¿Y quién las puso ahí?
    • Yo no _____ .
    – ¿Y entonces quién _____ ?
    • _____ Isabel.
    – Y tú, ¿cómo lo sabes?
    • No lo sé, lo supongo.

5. – ¿Qué tal el viaje?
    • _____ interesante, pero muy largo.
    – ¿Queréis descansar un poco?
    • Yo, cansada, no _____ , pero me gustaría ducharme.
    – ¿Y tú?
    * Yo voy a acostarme un poco. Cuando _____ lista, me
    despiertas, ¿vale?

6. – ¿Has oído eso?
    • No. ¿Qué _____?
    – _____ alguien en el piso de arriba.
    • ¡Tonterías! Yo _____ hace cinco minutos y no _____ nadie.

7. Alguien acaba de golpear a la puerta.
   – ¿Quién _____ ?
   • Una señora que vendía flores. Las rosas _____ muy caras
   en esta época del año y ella me las dejó a mitad de precio.
   – ¿Pero tenías que comprárselas todas?
   • _____ muy viejita y me dio pena.

8. – Oye. Están llamando.
   • ¿Quién _____ a estas horas?
   – Ni idea.
   • ¿Por qué no miras por la ventana?
   – Vale.
   • ¿ _____ alguien?
   – Sí, un tipo.
   • ¿Y cómo _____ ?
   – No sé, _____ muy oscuro.
   • Dime una cosa: la puerta de calle _____ con llave, ¿no?
   – Creo que sí, pero no _____ seguro.

9. – Cuéntame. ¿Qué has hecho hoy?
   • Esta mañana _____ de compras. Después fui a la oficina a
   ver cómo _____ las cosas, y como no _____ novedades
   me fui al cine.
   – ¿Qué tal la película?
   • No _____ mal, pero un poco lenta. Caminando por el centro,
   me encontré con Rodríguez y nos fuimos a cenar por ahí. A propó-
   sito, ¿sabes que _____ abuelo otra vez? Me mostró las fotos
   de las nietas: _____ guapísimas. ¡Belén _____ grandí-
   sima para los cuatro años que tiene!
   – Un día cansado , ¿no?
   • _____ verdad.

10. – Ayer _____ una manifestación por el derecho de asilo.
    • Yo no pude ir, pero dijeron por la radio que _____ más de
    diez mil personas.
    – De eso no _____ segura / o.

7. *Reemplaza el verbo* **ser** *y* **estar** *por otros verbos.*

1. Susana **es** de Buenos Aires, pero **está** en Berlín desde hace muchos años.
2. Usted **está** muy insegura / o; es mejor que practique más antes de presentarse al examen.
3. Es socióloga, pero **está de** taxista porque todavía no ha encontrado empleo.
4. ¿Dónde **es** la conferencia?
5. Siento mucho no poder recibirla, pero **estoy** muy cansada /o.
6. No te pongas así: eso **fue** hace muchísimos años.
7. Tomás **está** en el Partido Ecologista.
8. Estos libros **son de** la biblioteca.
9. Los libros y los discos **son** cuarenta marcos; el resto te lo regalo.
10. **Es** muy divertida, con ella las horas pasan volando.

8. *Y ahora al revés (umgekehrt): reemplaza el verbo en negrita por* **ser** *o* **estar** *y haz los cambios que consideres necesarios.*

1. **He dejado** las llaves del coche sobre la mesa.
2. Esta torta **te ha salido** riquísima.
3. Este departamento **resulta** pequeño para tanta gente.
4. **No se debe** doblar a la derecha. ¿No ves la señal?
5. **Hoy no tiene** coche, por eso llega más tarde.
6. Las tiendas **permanecen cerradas** los fines de semana.
7. La acción **tiene lugar** en un pueblo de la Extremadura. ¿Sabéis dónde **queda** eso?
8. **Se siente** muy orgullosa /o de su éxito y por eso quiere festejarlo.
9. La casa **no ha cambiado** desde que te fuiste.
10. **Tiene un carácter** pesimista y gruñón.

9. *¿Cómo se dice en castellano?*

1. – ¿Podría hablar con Ana, por favor?
   • Lo siento. (Sie ist nicht da.) _____

2. – Quisiera ver al Sr. Rodríguez.
   • (Er ist noch nicht gekommen.) _____

3. – ¿Tienes hambre?
   • Sí. (Ist das Essen fertig?) ¿ _____ ?

4. – ¡Me he quedado sin tabaco!
   • En la esquina (ist ein Kiosk.) _____
   – Sí, pero a esta hora (ist er geschlossen.) _____

5. – ¿A qué se dedica su hija?
   • (Sie ist Dolmetscherin) _____ , pero (sie ist tätig als)
   _____ profesora en una escuela de idiomas.

6. – ¿Qué le pasa a Juan (daß er so froh ist.) _____
   • (Er ist verliebt.) _____

7. – ¿Te llevo a casa?
   • No, gracias. (Ich bin mit dem Auto da.) _____

8. – ¿Pero cómo? (Bist du mit dem Fahrrad gekommen?) ¿ _____
   _____ ?
   • Sí, tenía ganas de hacer ejercicio.

9. – Dime una cosa, ¿qué te han dicho de Alberto?
   • Nada especial, (daß er sehr lustig ist). _____

10. – ¿Qué tal la película?
    • (Er war sehr unterhaltsam.) _____

11. – (Was war das?) ¿ _____ ?
    • ¿Qué?
    – Ese ruido.
    • Nada. El vecino de arriba (duscht gerade). _____

12. – Alguien ha dejado esto para ti.
    • (Wer war es?) ¿ _____ ?
    – No sé. No quiso decir (wer er war). _____

13. – ¿Me puedes dar las llaves del coche?
    • (Welche sind es?) ¿ _____ ?
    – (Die da rechts liegen.) _____

14. – ¡Date prisa! El avión (ist im Begriff zu starten). _____

15. – ¿Sabes qué? ¡Se ha divorciado!
    • ¡¿No me digas?! Yo no sabía (daß er / sie verheiratet war).
    _____

16. – Ayer alguien vino a buscarte.
   • ¿Sabes (wer es war) _____ ?
   – No.
   • ¿Y a qué hora vino?
   – No sé. (Es mag zehn Uhr gewesen sein.) _____

17. – (Ist das richtig so?) ¿ _____ ?
   • No, hombre, no. «Estar» nunca se usa con sustantivos, y si lo usas
     con un adjetivo, significa un estado. Pero sí se usa siempre con un
     adverbio. (Ist das jetzt klar?) ¿ _____ ?
   – ¡Clarísimo!

18. – (Es wäre gut) _____ que trabajaras más y durmieras
     menos.
   • ¿Bueno para quién?

19. – (Sei still!) _____

20. – (Wie spät ist es?) ¿ _____ ?
   • (Es wird wohl elf sein.) _____

10. *¿Ves la diferencia? Traduce las siguientes frases.*

1. a) *Es* telefonista.
   b) *Está de* telefonista.

2. a) La conferencia *es* en primavera.
   b) *Estamos* en primavera.

3. a) Los plátanos *están* verdes.
   b) Los plátanos *son* amarillos.

4. a) ¿Cuánto *es*? – *Son* cuarenta marcos.
   b) *Están a* cuarenta marcos.

5. a) ¡Qué buena / o está!
   b) ¡Qué buena / o es!

6. a) Ese paquete *está* pesado.
   b) El paquete *es* pesado.

7. a) El niño *es* un maleducado.
   b) El niño *está* mal educado.

8. a) *Estaba* muy callada /o esa noche.
   b) *Es* muy callada /o.

9. a) *Son* compradas /os.
   b) Ya *están* compradas /os.

10. a) *Es* decidida /o.
    b) *Está* decidida /o. Esto *está* decidido.

11. a) La comida *es* para mañana.
    b) La comida *está* para mañana.

12. a) Mi casa *es* la segunda a la izquierda.
    b) Mi casa *está* a la izquierda.

13. a) *Era* por aquí.
    b) *Estaba* por aquí.

14. a) *Es* muy baja /o.
    b) *Está* muy baja /o.

15. a) *Está* morena /o.
    b) *Es* morena /o.

16. a) *Era* en Buenos Aires.
    b) *Estaba* en Buenos Aires.

17. a) Este melón *está* muy rico.
    b) Los melones *son* muy ricos.

*11. Hay muchas expresiones con **ser** y **estar** que se utilizan en la lengua hablada para marcar el principio o fin de una conversación o bien para mantenerla. Aquí tienes algunas:*

Es que ...	... o sea (que) ...
Lo que pasa es que ...	Por si fuera poco ...
Lo bueno es que ...	La verdad es que ...
Lo malo es que ...	¿Cómo es eso?
Así es que ...	¿Estamos?
¿No es así?	Es un decir.
¿No es verdad?	¡Y ya está!
¿No es cierto?	¡Ahí está!
Eso es todo.	A lo que estábamos ...
¡Eso es!	

Y ahora elige la explicación adecuada al contexto.

1. – ¡Sírvete un poco más!
   • Gracias, pero **es que** ando mal del estómago.

   a) Se rechaza una oferta / una invitación.
   b) Se da una justificación / una explicación.
   c) Se da una información.

2. No quiero que vuelvas a hacerlo, **¿estamos?**

   a) confirmar *(bekräftigen)*
   b) comprobar conformidad *(Übereinstimmung feststellen)*
   c) pedir información

3. – Yo creo que no viene porque tiene miedo.
   • **¡Ahí está!**

   para expresar
   a) sorpresa
   b) acuerdo
   c) rechazo

4. – Vienes de una fiesta, **¿no es cierto?**
   • ¿Es que huelo a alcohol?

   a) pedir conformidad
   b) exigir una respuesta
   c) pedir información

5. – Y aquí se acaba nuestra discusión. **Eso es todo.**
   • ¡Hombre! No puedes irte así. Déjame explicarte lo que pasó.

   a) dar una explicación
   b) terminar una conversación
   c) marcar un turno

6. – Es que realmente no sé cómo explicárselo.
   • Le escribes una carta y **ya está.**

   a) Se subraya la importancia de lo dicho.
   b) Se termina la conversación.
   c) Se da a entender que el problema está superado.

7. – No te distraigas, **a lo que estábamos,** ¿cuándo tendrás tiempo para
     traducirnos el artículo?
   • Un día de éstos ...

   a) para volver al principio de la conversación
   b) para volver a lo que se estaba hablando
   c) para llamar la atención

8.   – A mí me encantaría quedarme, pero **lo malo es que** el próximo tren
      sale mañana por la mañana.
      • Por mí puedes quedarte, camas hay ...

      para introducir
      a) una explicación   b) una pausa   c) una objeción

9.   – Pasaba por aquí, y se me ocurrió que me gustaría charlar un rato
      contigo ...
      • Anda, di la verdad, ¿**o sea que** quieres tomar una copa conmigo?

      a) Introduce una justificación.
      b) Significa «es decir».
      c) No significa nada.

12. *Si bien (obwohl) es cierto que algunos adjetivos se combinan solamente con*
***ser** o **estar**, muchos adjetivos admiten los dos verbos. Agrupa los adjetivos en*
las tres categorías y escribe frases como en el ejercicio 10. Búscate alguien que
sepa español. Seguro que te las corrige.

alegre	ser / estar
alta / o	
amable	
atractiva / o	
azul	
capaz	
cara / o	
cariñosa / o	
clara / o	
(des)contenta / o	
evidente	
extranjera / o	ser
falsa / o	
guapa / o	
(in)satisfecha / o	
joven	
lacónica / o	
llena / o	
necesaria / o	estar
posible	
precisa / o	
verdad	

13. *Para demostrar que conoces los cambios semánticos que introducen* **ser** *y* **estar***, termina las siguientes frases como en el ejemplo. Luego le pides a la persona que te enseña español que te las corrija. También puedes comparar con los ejemplos de la clave.*

☑ La comida que nos sirvieron $\begin{array}{c}\text{era}\\\text{estaba}\end{array}$ muy rica: _____

La comida que nos sirvieron *era* muy rica: no me extraña porque el hotel tiene muy buena fama.
La comida que nos sirvieron *estaba* muy rica: por lo general cocinan bastante mal en ese hotel.

1. El apartamento $\begin{array}{c}\text{es}\\\text{está}\end{array}$ oscuro porque _____

2. El chico $\begin{array}{c}\text{es}\\\text{está}\end{array}$ muy alto: _____

3. ¿Ves lo elegante que $\begin{array}{c}\text{es?}\\\text{está?}\end{array}$ Es que _____

4. $\begin{array}{c}\text{Es}\\\text{Está}\end{array}$ muy amable: _____

5. El coche $\begin{array}{c}\text{es}\\\text{está}\end{array}$ nuevo: _____

6. Tiene que $\begin{array}{c}\text{ser}\\\text{estar}\end{array}$ muy cansada /o. _____

7. $\begin{array}{c}\text{Es}\\\text{Está}\end{array}$ muy despierta /o. Lo que pasa es que _____

8. Las casas del pueblo $\begin{array}{c}\text{son}\\\text{están}\end{array}$ blancas: _____

9. $\begin{array}{c}\text{Es}\\\text{Está}\end{array}$ muy aburrida /o porque _____

10. $\begin{array}{c}\text{Es}\\\text{Está}\end{array}$ mejor que _____

14. *Y ahora comprueba si has aprendido el uso de* **ser** *y* **estar**. *Marca con una cruz lo que consideres (c) = correcto; (f) = falso; (?) = No estoy segura / o.*

		C	F	?
1.	Los niños todavía *están* muy pequeños para ir a la escuela solos.			
2.	*Estoy* curiosa /o por saber lo que piensas de mis padres.			
3.	Las cartas ya *son* enviadas.			
4.	El escritor Miguel de Unamuno *era* muy orgulloso de ser español.			
5.	Se dice que su padre *es* un buen conocedor de la región.			
6.	Después de la dieta que hizo *es* muy delgada /o.			
7.	El Primer Ministro *estuvo* incapaz de controlar la crisis de gobierno.			
8.	Mis padres *están* demasiado viejos para ir al extranjero, aunque sólo tengan cincuenta años.			
9.	*Está* claro que la dictadura no abandonará el poder, sino por la fuerza.			
10.	Cuando la inmigración empezó *estaba* evidente que había una serie de problemas en España.			
11.	El terreno *está* dividido en dos partes.			
12.	La fiesta *es* en casa de Pepe.			
13.	Después de todas las explicaciones que te di, ¿*eres* satisfecha /o?			
14.	La juventud, aunque *sea* desorientada y desengañada, aboga por *(sich einsetzen für)* un cambio de sociedad.			
15.	Los plátanos *son* verdes en esta época del año.			

estar + participio

SL *443*

1. *Fíjate en los ejemplos y completa los diálogos con los participios. Atención a la terminación.*

Los chicos han preparado la comida para el pic-nic.
La comida ya **está** preparad**a**.

Ana escribió los sobres.
Los sobres ya **están** escrit**os**.

1. El matrimonio Navas Méndez media hora antes de salir de vacaciones:
   – Querido, ¿has cerrado las puertas?
   • Sí, sí, ya _____
   – ¿Y has apagado las luces?
   • Todas _____
   – ¿Y has abierto la ventanita del baño para que las plantas tengan un poquito de luz?
   • _____ . ¿Algo más?
   – ¿Y los chicos?
   • Ya (sentar) _____ en el coche.
   – ¿Le has dado de comer a la tortuga?
   • Agustina ya ha comido y, por supuesto, (dormir) _____

2. La abuelita es una persona encantadora, pero como está viejita le falla la memoria *(läßt ihr Gedächtnis nach)*.
   – ¡Ay, Dios mío! Todavía tengo que escribir las postales de Navidad.
   • Pero las de este año ya _____ , abuelita. ¿No te acuerdas que ayer las llevamos a correos?
   – ¡Hija! Lo que es no tener cabeza ...
   ¿Pero qué pasó con toda la ropa que había que planchar?
   • Ya _____ ; esta mañana vino la señora que limpia y (lo) planchó todo.
   – Es verdad. Me había olvidado …
   ¡Uy, la hora que es, y yo sin vestirme! Ven, ayúdame que viene Doña Luisa y queremos salir a dar un paseo.
   • ¡Pero abuelita! ¡Mírate al espejo! ¿No ves que ya _____ ?
   – ¡Jolines! *(verflixt)* ¡Es verdad!

3. Ana y Teresa viven juntas. Ana es impaciente y Teresa muy tranquila. A veces ocurren estas cosas:
   – Supongo que la comida estará lista, ¿no?
   • Lo siento, pero todavía no (hacer) _____
   – ¿Y qué pasa con todos esos platos? ¡Están sucios!
   • Es cierto que no (lavar) _____ , pero todavía tenemos muchos limpios, ¿no?
   – ¡Qué desastre! Todavía están las cuentas del teléfono y de la luz sin pagar!
   • Tranquila, mujer, que no pasa nada si no (pagar) _____ ; hay tiempo hasta la semana que viene.

Tiempos del pasado – Zeiten der Vergangenheit

perfecto compuesto – imperfecto – perfecto simple
(pretérito indefinido)

SL 10, 21, 29

1. Primero, para repasar, escribe las formas del perfecto compuesto.

¡EL TIEMPO VUELA!
¿No te pasa a veces que llega la noche, estás cansada /o y no sabes qué has hecho en todo el día? Bueno ... a esta persona le pasa lo mismo y nos cuenta:
Hoy (1) _____ (levantarse) temprano como siempre y (2) _____ (bajar) a comprar el pan. En el ascensor (3) _____ (encontrarse) con el vecino que (4) _____ (volver) a contarme su vida. Como ya era tarde, ni siquiera (5) _____ (tener) tiempo para hacerme un café. (6) _____ (salir) corriendo, (7) _____ (perder) el metro y, por supuesto, (8) _____ (llegar) tarde al trabajo. Por suerte, nadie me (9) _____ (ver) entrar. (10) _____ (almorzar) en el restaurante de siempre con mis compañeros de siempre y le (11) _____ (preguntar) a esa /e chica /o que me gusta tanto si quería salir conmigo el fin de semana y, claro, me (12) _____ (decir) que no, que ya tenía un plan. Y bueno ... (13) _____ (volver) a casa y antes de subir, (14) _____ (comprar) un par de salchichas y una coca-cola. Pensándolo bien, creo que necesito un par de emociones fuertes porque de esta vida «light» como la coca-cola ya estoy bastante cansada /o.

SL 7, 18, 26 ; 409–411

2. Fíjate que se trata de descripciones, de costumbres, de situaciones, etc. y por lo tanto todos los verbos están en imperfecto.

¡AÑO NUEVO, VIDA NUEVA!
Cuando empieza un nuevo año, las personas se proponen (casi siempre) cambiar de vida: dejar de fumar, tener más tiempo para la familia o las amistades, empezar una dieta, llevar una vida más sana, etc. etc. Estas dos personas lo han logrado.
Antes (1) _____ (tener) muy poco tiempo para nosotras / os: no (2) _____ (salir) casi nunca y cuando (3) _____ (volver)

del trabajo, (4) _____ (comer) algo descongelado y (5) _____ (quedarse) dormidas /os frente al televisor. Ella / él (6) _____ (fumar) como una chimenea y yo (7) _____ (beber) demasiado. (8) _____ (estar) tan nerviosas /os que (9) _____ (pasarse) muchas noches sin dormir. Entonces una /o (10) _____ (ir) a la heladera y (11) _____ (comerse) todo lo que (12) _____ (encontrar), y la /el otra /o (13) _____ (encender) el televisor y (14) _____ (mirar) películas hasta que los ojos se le (15) _____ (cerrar) de sueño. Por la mañana, lógico, no (16) _____ (poder) levantarse.
Hasta que un buen día una de las dos personas dijo: ¡Basta!

¡Ojo! Pon el verbo en el tiempo correspondiente: perfecto simple o imperfecto.

(17) _____ (mirarse) en el espejo y no (18) _____ (gustarse) para nada. (19) _____ (mirarse) a los ojos, y (20) _____ (gustarse) mucho menos. No (21) _____ (ser) año nuevo, pero no importaba. Tú, ¿qué crees que (22) _____ (hacer)?

SL 398–402; 409–411; 412, 413

3. *Fíjate que las primeras acciones están en imperfecto (– marco temporal –), las segundas, en perfecto simple (pretérito indefinido).*

1. – ¿Se puede saber por qué llegas tan tarde?
   • Es que cuando _____ (salir) de la oficina, _____ (encontrarse) con Paco y _____ (irse) de copas.

2. – ¡Se me han perdido las llaves!
   • ¿Pero no las _____ (llevar) en la mano al bajar del autobús?
   – No me acuerdo. Sólo sé que al llegar a casa, (darse) _____ cuenta de que no las _____ (tener).

3. – ¿¡Pero es posible que no haya visto nada!?
   • Lo siento mucho, pero _____ (estar) profundamente dormida / o cuando (entrar) _____ los ladrones.

4. – ¿Sabes una cosa? Mabel y Ernesto viven juntos.
   • ¿Pero no _____ (vivir) ya juntos, cuando los _____ (conocer) (nosotros)?
   – No, ésos eran Isabel y Néstor.

5. – ¡Me han robado la bicicleta!
   • ¿Cómo ha sido?
   – Mientras _____ (comprar, *gerundio*) en la panadería,
     alguien _____ (pasar) y _____ (llevársela).

6. – ¿Has vuelto a saber algo de María José?
   • _____ (Vivir) en los Pirineos cuando nos _____
     (ver) por última vez.

7. – ¡Cómo que no _____ (haber) nadie cuando _____
     (llegar) (tú)!
   • ¡Es verdad! Todos se habían marchado.

8. – ¡Mira qué suerte! Justo cuando _____ (salir) (nosotras) para
     el aeropuerto, _____ (llamar) Antonia y nos _____
     (ofrecer) llevarnos en su coche.
   • ¡Francamente!

9. – ¿A que no sabes *(wetten, daß du nicht weißt)* a quién vi?
   • Si no me lo dices ...
   – (esperar, *gerundio*) _____ el metro, cuando de repente
     _____ (acercarse) alguien que me _____ (abrazar) y
     me _____ (besar).
   • ¿Y quién era?
   – ¡Tu marido!

10. – ¿Pero qué le ha pasado a tu gato?
    • No sé. Seguramente _____ (andar) por los techos, cuando
      _____ (venir) otro más grande y le _____ (hacer) daño.

SL 403–408; 397–402

*4. ¡Ojo! Una persona está hablando con otra. Las preguntas no están en mar-
cos temporales definidos (perf. compuesto), las respuestas, sí (perf. simple).*

1. Llega el niño todo sucio.
   MAMÁ ¿Pero dónde _____ (estar)?
   NIÑO En Venus. Primero _____ (estar) en un volcán.
         Después (ver) _____ un dinosaurio y finalmente
         _____ (aterrizar) en el patio de atrás.

2. Aparece una amiga tuya con la pierna enyesada *(eingipsen)*.

 Tú ¿Pero qué te _____ (pasar)?

 Ella La semana pasada _____ (tener) un accidente con la
    moto. Un idiota en un mercedes no me _____ (ver),
    _____ (pasar) en verde y me _____ (atropellar
    an-, umfahren).

 Tú ¡Qué horror!

3. Son las doce de la noche. Tu ex novia / o llama a la puerta.

 Tú ¿A qué _____ ? (venir)

 Ella / Nada. Estaba en casa de Manuel que vive aquí cerca y me
 Él _____ (decir): ¿Por qué no pasas a saludar? A lo mejor
    (vielleicht) está en casa ...

 Tú ¡No me digas!

4. El marido se levanta, se ducha, prepara el desayuno y se da cuenta de
 que su mujer sigue durmiendo.

 Él ¡Pero cómo! ¿No _____ (levantarse) todavía?

 Ella Es que anoche _____ (acostarse) muy tarde; la fiesta
    _____ (terminar) a las tantas *(sehr spät)*, _____
    (beber) y _____ (fumar) demasiado, y _____
    (bailar) como nunca; ahora estoy hecha polvo *(völlig erschossen*
    sein) y no tengo ganas de levantarme. Déjame dormir, ¿vale?

5. Son las ocho de la noche. El marido de Ana se mete en la cama con una
 botella de champán.

 Ana ¿Pero qué tienes? ¿ _____ (volverse) loco? Hoy es
    martes.

 Él No ... ¡Qué va! Es que ayer me _____ (dar) un aumento
    de sueldo, me _____ (prometer) una semana más de
    vacaciones y me _____ (decir) que soy el mejor gerente
    de la empresa. Entonces _____ (pensar) que me
    gustaría festejarlo contigo.

 Ana ¿Por qué no lo festejas con tu empresa con la que estás casado?

5. *Mis abuelitos a veces hablaban de estas cosas ... Tú tienes que poner el verbo en el tiempo que corresponda. Fíjate que mi abuelito describe y recuerda cómo eran las cosas antes; mi abuelita, en cambio, habla de lo que pasó.*

MI ABUELITO: Antes todo (1) _____ (ser) mejor que ahora. No (2) _____ (haber) ni crímenes ni robos. Yo (3) _____ (poder) sacar mi silla a la calle y hablar con los vecinos. No (4) _____ (pasar) coches, no se (5) _____ (escuchar) ruido, las noches (6) _____ (ser) tranquilas. Se (7) _____ (dormir) con las puertas y las ventanas abiertas. Nadie (8) _____ (tener) miedo. Se (9) _____ (trabajar) mucho, eso sí. Pero el dinero siempre (10) _____ (alcanzar) para ir al cine o al fútbol, y yo te (11) _____ (comprar) una sorpresa cuando (12) _____ (salir) del trabajo. ¿Te acuerdas que a veces (13) _____ (ir) a bailar a la plaza? (14) _____ (Venir) una orquesta que (15) _____ (llamarse) ... bueno, no me acuerdo; y los domingos tú (16) _____ (hacer) ravioles *(Ravioli)* y (17) _____ (comer) en el patio. Los fines de semana (18) _____ (pasarse) volando. Recuerdo que (19) _____ (tener) un coche que casi nunca (20) _____ (funcionar), pero siempre (21) _____ (llegar) a todas partes.

MI ABUELITA: Lo que pasa, Alberto, es que tú eres un romántico sentimental. ¿Que antes no había violencia? Pues bien: Yo (22) _____ (nacer) en 1901, y ¿sabes cuántas guerras (23) _____ (haber) desde entonces? Cuenta: dos guerras mundiales, la primera (24) _____ (durar) cuatro años. Tú (25) _____ (ir) al frente, ¿o ya no te acuerdas? La segunda (26) _____ (empezar) en 1939 y (27) _____ (terminar) en 1945. ¿Sabes cuántas personas (28) _____ (morir)? Millones. Después (29) _____ (venir) muchas otras: la de Corea, la de Vietnam, la del Golfo ... ¿Y que el dinero alcanzaba para todo? ¡Tonterías! En los años veinte, cuando (30) _____ (nacer) Ana, (31) _____ (tener) que pedir un crédito, después (32) _____ (vender) el coche y finalmente (33) _____ (ir) a vivir a una pensión. ¿Y sabes por qué el tiempo pasaba volando? Porque toda la vida (34) _____ (trabajar) como un burro, (35) _____ (levantarse) con el sol y (36) _____ (acostarse) con las gallinas.

En el próximo ejercicio te explico quiénes eran mis abuelitos; ahora tienes que decidir qué tiempo usar sin ninguna ayuda.

SL 397–402; 409–413; 415

6. *Coloca el verbo en el tiempo correspondiente: imperfecto, perfecto simple (pretérito indefinido) y pluscuamperfecto.*

Fíjate que el pluscuamperfecto siempre indica una acción anterior a otra acción pasada, como en alemán.

Mis abuelitos (1) _____ (ser) italianos. Creo que mi abuela ya (2) _____ (nacer), cuando (3) _____ (comenzar) la Primera Guerra Mundial. En los años veinte (4) _____ (tener) tantos problemas económicos que (5) _____ (tener) que emigrar. Mi abuelo y su hermano (6) _____ (viajar) primero. Mi abuela y mi mamá, que ya (7) _____ (cumplir) siete años, (8) _____ (venir) un año después.

En aquella época, mi mamá (9) _____ (tener) un gato del que no (10) _____ (querer) separarse. (11) _____ (llamarse) Miumiú, (12) _____ (ser) pelirrojo *(rothaarig; rotes Fell haben)* y flaco y le (13) _____ (gustar) muchísimo los mimos *(Streichelei)*. Como todos los gatos (14) _____ (odiar) el agua.

Como te iba diciendo ...

Mis abuelos, un buen día, (15) _____ (decidir) emigrar. El día de la partida (16) _____ (ir) al puerto, (17) _____ (poner) sus baúles *(Kabinenkoffer)* en el barco y (18) _____ (despedirse) de sus amigos. Pero justo en el momento en que el barco (19) _____ (ir) a zarpar, mi abuelita (20) _____ (darse) cuenta de que mi mamá (21) _____ (desaparecer).

¿Qué (22) _____ (pasar)? Cuando mi mamá, que sólo (23) _____ (tener) siete años, (24) _____ (querer) subir al barco, el gato, que (25) _____ (estar) en una canasta, (26) _____ (ver) el agua, (27) _____ (asustarse *erschrecken*) y (28) _____ (escaparse). Lógicamente, mi mamá (29) _____ (salir) corriendo detrás de él.

En el próximo ejercicio te enterarás de cómo continúa la historia.

7. *Cuando yo era chiquita, me encantaba que mi mamá me contara esta historia. El diálogo, generalmente, era así; tú sigues poniendo los verbos en el tiempo que corresponda. Se trata siempre del pasado.*

Yo   ¿Y cuando el gato (1) _____ (escaparse)? ¿Tú qué (2)
           _____ (hacer)?

MAMÁ   (3) _____ (salir) corriendo. El muelle (4) _____ (estar) negro
           de gente que (5) _____ (hacer) un ruido terrible. (6) _____
           (Haber) paquetes, maletas, cajas por todas partes. Los marineros (7)
           _____ (gritar). Todo el mundo (8) _____ (despedirse)
           y (9) _____ (llorar). Y yo (10) _____ (llamar) a mi gato
           que no (11) _____ (poder) escucharme en medio de tanto caos.
           Ya no (12) _____ (saber) qué hacer cuando de repente lo (13)
           _____ (ver).

Yo   ¿Dónde (14) _____ (estar)?

MAMÁ   (15) _____ (subirse) a una grúa *(Kran)*.

Yo   ¿Y entonces?

MAMÁ   (16) _____ (Empezar) a llamarlo, pero el tonto *(Dumm-*
           kopf) no (17) _____ (querer) saber nada.

Yo   ¿Y?

MAMÁ   Finalmente (18) _____ (venir) un marinero que (19) _____
           (subirse) a la grúa, lo (20) _____ (tomar) en sus brazos y lo
           (21) _____ (bajar).

Yo   Y tú, ¿qué le (22) _____ (decir)?

MAMÁ   ¿A quién? ¿Al marinero?

Yo   No, al gato.

MAMÁ   ¡Qué le (23) _____ (ir) a decir! ¡Nada!

Yo   ¿Y la abuelita?

MAMÁ   La abuelita (24) _____ (estar) furiosa porque (25) _____
           (perder) el barco. Me (26) _____ (decir) de todo: que (27)
           _____ (ser) una chica mala, tonta, maleducada; pero a mí no me
           (28) _____ (importar) nada porque (29) _____
           (recuperar) mi gato y (30) _____ (sentirse) feliz. Pero lo
           más increíble (31) _____ (venir) después.

8. *Los siguientes artículos aparecieron dos meses después en un periódico ...*
Escribe los verbos en el tiempo correcto.

¡SE HUNDIÓ EL PRINCESA MAFALDA! – Agencia Express: Génova

El mes pasado, en alta mar, (1) _____ (desaparecer) el Princesa
Mafalda que (2) _____ (zarpar) del puerto de Génova (3) _____
(hacer) un mes. En el accidente (4) _____ (morir) 65 pasajeros. El resto
(5) _____ (poder) salvarse. También (6) _____ (salvarse) la tripu-
lación *(Besatzung)*. Nadie puede explicarse lo que (7) _____ (ocurrir).
El capitán (8) _____ (declarar) que el barco (9) _____ (estar) en
perfectas condiciones y que la causa del accidente (10) _____ (ser) un
témpano de hielo *(Eisscholle)* que no se (11) _____ (poder) ver por la
niebla que (12) _____(haber). Todo (13) _____ (ocurrir) ines-
peradamente. La mayor parte de los pasajeros (14) _____ (dormir)
cuando se (15) _____ (producir) el choque.

8.a

¡GATO SALVA A NIÑA DE SIETE AÑOS! – Buenos Aires, 16.08.1928. Agencia Gaucha

Un gato (1) _____ (salvar) la vida de la niña Yolanda Costabeber.
El padre, emocionado, relata la historia de cómo Miumiú, un gato siamés de
tres años, (2) _____ (impedir) la partida de la niña y su madre del puerto
de Génova. La señora (3) _____ (pensar) reunirse con su marido en esta
capital adonde él (4) _____ (llegar) en busca de nuevos horizontes.
Sin embargo, (5) _____ (intervenir) el destino: la niña (6) _____
(poner) el gato en una canasta, y eso (7) _____ (decidir) su suerte. Al subir
al barco, el gato (8) _____(escaparse); la niña lo (9) _____ (seguir),
pero no (10) _____ (poder) ver en seguida dónde (11) _____
(esconderse), y así el barco (12) _____ (irse) sin ellas. De esta manera (13)
_____ (lograr) escapar a la muerte. Ayer (14) _____ (haber) una
gran fiesta organizada por la comunidad italiana. En la Plaza Garibaldi (15)
_____ (cantar) y (16) _____ (bailar) hasta entrada la noche *(bis
spät in die Nacht)*. Después (17) _____ (hacer) una gran comida y (18)
_____ (servir) ravioles *(Ravioli)* con vino de Mendoza. Se supone que
cuando lleguen la madre y la niña tirarán la casa por la ventana *(ein großes
Fest feiern)*.

(Más información, ejercicio 6 y siguientes)

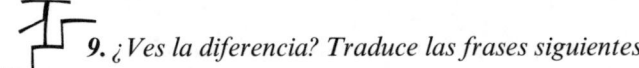

9. *¿Ves la diferencia? Traduce las frases siguientes.*

1. – ¿**Sabes** *(a)* una cosa? Ana ya **sabe** *(b)* conducir.
   • ¿Quién te lo ha dicho?
   – Lo **supe** *(c)* por Juan. Son buenos amigos.

2. – El otro día **conocí** *(a)* a una chica maravillosa.
   • ¿Dónde?
   – En el «Siglo de Oro».
   • Y eso, ¿qué es?
   – Un restaurante.
   • ¿Es nuevo?
   – Sí. Lo abrieron el mes pasado.
   • ¡Ah! Por eso no lo **conocía** *(b)*.

3. – ¡Patricia **tuvo** *(a)* otra niña!
   • ¿¡Cómo otra?! ¿Ya **tenía** *(b)* una?

Construcciones pasivas – Passivkonstruktionen

SL 11, 22, 30; 439–442

1. *Lee el siguiente artículo de un «periódico» y complétalo con la forma pasiva* ***ser + participio.*** *Ya sabes que los participios concuerdan en género y número con el sujeto gramatical.*

Iberolandia, 29 de diciembre de 1994

UN PAQUETE MISTERIOSO

Un paquete que podría haber contenido una bomba **fue encontrado** en uno de los baños del Banco Trasnacional. No se sabe cuándo (1) _____ (descubrir), pero es probable que alguna empleada lo haya encontrado al ir a los servicios *(Toilette)*. Aunque la policía local (2) _____ (alertar) inmediatamente, no acudió al lugar de los hechos. La directora, sin embargo, ordenó desalojar el edificio. La llamada, que (3) _____ (recibir) por la secretaria, no causó pánico, como es habitual en estos casos. Se dejó de trabajar y las oficinas (4) _____ (desalojar) con tranquilidad. La interrupción (5) _____ (aprovechar) por algunas mamás que fueron a dar de comer a sus bebés que están en una guardería cercana. Las empleadas que salían, (6) _____ (entrevistar) por un grupo de curiosos que querían saber lo que había pasado. Parece que el paquete (7)

_____ (colocar, ¡pluscuamperfecto!) por una persona que conocía muy bien el edificio. Finalmente llegaron los expertos en explosivos. El paquete (8) _____ (abrir) con grandes precauciones (*Vorsichtsmaßnahmen*). En su interior (9) _____ (encontrar) un juguete mecánico y una tarjeta que decía «Feliz Día de los Inocentes»[1] («*Fest der Unschuldigen Kinder*»).

SL 439; 246

2. *Vuelve a leer el texto «El paquete misterioso». Seguramente sabes que en la lengua hablada generalmente no se utiliza la voz pasiva sino la construcción impersonal (con el verbo en 3ª persona).*
Dos personas que están hablando de lo que acaba de pasar probablemente lo harían así:

– ¿Qué se sabe del paquete?
• **Lo encontraron** en uno de los baños del banco.

Y ahora sigue tú.

1. – ¿Y cuándo _____ (descubrir)?
    • No se sabe.

2. – ¿Y la policía llegó inmediatamente?
    • Aunque _____ (alertar) por teléfono, tardó bastante.

3. – La llamada ¿fue recibida por la directora en persona?
    • No, _____ (recibir) en la secretaría.

4. – Y después, ¿qué pasó? ¿Vinieron los bomberos?
    • No. La directora dio la orden de abandonar las oficinas y _____ _____ (desalojar) con toda tranquilidad.

(Para las frases 5–7 no se puede usar esa construcción.)

8. – Y cuando finalmente llegaron, ¿qué hicieron con el paquete?
    ¿ _____ (abrir) o no?
    • Lógico, es lo que siempre hacen en esos casos.

9. – Y la bomba, ¿ _____ (encontrar) o no?
    • No, sólo encontraron un juguete y una tarjeta.

[1] 28. Dezember

3. *Identifica las construcciones pasivas que aparecen en los siguientes diálogos.*

1. – ¿Has visto las noticias?
    • No. ¿Qué pasó?
    – Una ciudad del Caribe fue arrasada por un tornado.
    • ¡Qué horror! ¿En qué ciudad fue?
    – No entendí muy bien. Era una transmisión en directo y se escuchaba bastante mal.
    • ¿Y cuándo fue eso?
    – Ayer.

2. – ¿Cómo va tu nueva novela *(Roman)*?
    • La estoy terminando.
    – ¿Y ya tienes editor?
    • Sí. Se publicará en Buenos Aires.
    – ¿Y la otra?
    • Va por la segunda edición.
    – ¡Pero qué bien!

3. – ¡Qué reloj más original!
    • ¿Verdad que sí? Los fabrican en Rusia.
    – ¿Y dónde se venden?
    • En cualquier lado.

4. – ¿Qué vas a hacer el fin de semana?
    • Mis padres quieren llevarme a Leipzig.
    – ¿Y por qué?
    • ¡Qué sé yo! Por la música y porque dicen que es una ciudad bonita. Hay una iglesia que se supone que fue fundada en 1150 y que es un símbolo de algo, pero no sé bien de qué.
    – ¿La Iglesia de San Nicolás?
    • Puede ser. Y también hay un café famoso que era muy visitado por escritores y artistas.
    – A mí, lo que más me gusta de Leipzig es la estación de ferrocarril. Durante la Segunda Guerra Mundial fue muy bombardeada y desde entonces la han reconstruido dos veces.
    • ¿Sabes lo que me explicó mi mamá? Que el nombre de Leipzig se atribuye *(zuschreiben)* a una antigua palabra sorba que quiere decir tilo *(Linde)*. Todavía se considera el árbol más común de la ciudad.
    – ¡Las cosas que sabe tu mamá!

4. *Completa los siguientes diálogos utilizando* **ser + participio** *o bien la pasiva con* **se**, *según lo exija el contexto.*

1. – ¿Quién escribió el Quijote?
   - Todo el mundo sabe que (1) _____ (escribir) por Cervantes.
   – ¿Y sabías también que la segunda parte recién *(erst)* (2) _____ (publicar) diez años después de la primera, en 1615?
   - No, pero en algún lado leí que hubo una versión «apócrifa».
   – Y eso, ¿qué es?
   - «Apócrifo» quiere decir que no es auténtico.
   – Ah. En mi casa tenemos una edición muy bonita que (3) _____ (ilustrar) por Picasso.
   - La conozco. ¿No te parece que la tapa *(Einbanddeckel)* de este libro está inspirada en esa versión?
   – Es verdad. No me había dado cuenta.

2. Un guía de turismo en la Universidad de Salamanca
   – Como ya sabemos, Salamanca tiene una gran tradición universitaria. La universidad ...
   - ¿En qué época (1) _____ (fundar)?
   – Es de principios del siglo XIII, pero el edificio actual (2) _____ (construir) en tiempos de los Reyes Católicos. Su fachada es uno de los ejemplos más representativos del estilo plateresco[1] español.
   - ¿Quién la hizo?
   – El autor se desconoce, pero (3) _____ (hacer) en honor a los Reyes, como se puede leer en la leyenda escrita en griego debajo de las efigies *(Bildnis)* ...
   - ¿Y las clases (4) _____ (dar) aquí?
   – No. El número de estudiantes ha aumentado muchísimo. En la actualidad sólo están el paraninfo *(Aula einer Universität)*, donde (5) _____ (celebrar) las fiestas académicas, la capilla, en la que (6) _____ (enterrar) Fray Luis de León[2], la biblioteca, donde (7) _____ (conservar) miles de libros y manuscritos. Como pueden ver, la escalera que lleva a los claustros *(Raum für Lehrkörper)* es muy bella, (8) _____ (decorar) por Juan de Álava.

[1] estilo plateresco – Platereskenstil *(goldschmiedeartiger Stil im Spanien des 16. Jh.)*
[2] Fray Luis de León (1527 – 1591) – *span. Ordensangehöriger, Theologieprofessor an der Universität Salamanca; wurde eine Zeitlang von der Inquisition verfolgt.*

5. *Seguramente te acordarás que algunas construcciones pasivas se construyen con **estar** y no con **ser** (ve pág. 27, **estar + participio**). Son las «pasivas de resultado» a diferencia de las «pasivas de proceso». En el primer caso lo que importa es, lógicamente, el resultado, en el segundo, el procedimiento. Completa con la forma correcta de ser o estar. Fíjate bien en el contexto.*

1. – ¿Así que has estado en España?
   • Sólo en Barcelona.
   – ¿Y qué tal?
   • Como turista la vida no es demasiado difícil. Grandes partes de la ciudad, como sabes, _____ saneadas recientemente, pero no todos los lugares de interés _____ del todo restaurados.

2. – ¿Sabes una cosa? En este restaurante ya no se puede fumar.
   • No sabía que _____ prohibido.

3. – ¿Ya has solucionado esos problemas que tenías?
   • Algunos _____ solucionados y otros no.
   – Bueno, no te preocupes ya que muchos problemas se solucionan solos.

4. – ¿Ves ese edificio? _____ construido por mi abuelo en 1910.
   • ¿Y no vive nadie ahí?
   – La parte de abajo _____ habitada, pero la de arriba todavía no_____ terminada.

5. – ¿Sabías que la primera Gramática Española _____ escrita por Nebrija y publicada en 1492?
   • Yo, de esas cosas, no sé nada.

6. *Lee los diálogos y traduce.*

1. – ¿Y qué tal te fue en la reunión?
   • Mal.
   – ¿Y por qué?
   • Porque en las reuniones _____ (wird gesprochen, diskutiert und werden viele Dinge vorgeschlagen), y finalmente deciden los de arriba.

2. – ¡Qué accidente!
    • ¡Sí, increíble!
    – ¿ _____ (Hat man schon ... benachrichtigt) a la policía?
    • Inmediatamente.

3. – ¿Qué habéis hecho en las vacaciones?
    • Fuimos a acampar.
    – ¿Y? ¿Os gustó?
    • Más o menos. Por las mañanas salíamos a caminar o nos bañábamos.
    – ¿Y a la noche?
    • Generalmente _____ (wurde am [Lager-] Feuer geplaudert,
      gekocht) o si alguien traía una guitarra, _____ (wurde gesungen).
    – No está mal, ¿no?
    • Bueno ... Por una vez, no.

4. – ¿Qué haces esta noche?
    • Mi padre cumple años y sus amigos le organizan una fiesta.
    – ¡Qué lindo!
    • ¡Qué va a ser lindo! En esas fiestas sólo _____
      (wird geraucht, gegessen, getrunken und von Dingen geredet) que no
      me interesan.

5. – ¿Tú crees que es verdad lo que _____ (gesagt wird) de Jorge?
    • Mira, de Jorge _____ (hat man gesagt) muchas cosas y
      _____ (hat man kommentiert) muchas otras, y al final todo
      era mentira.

6. – Esta mayonesa tiene gusto raro.
    • Es que para este tipo de ensaladas _____ (werden ...
      verwendet) aditivos *(Zusatzstoffe)*.
    – ¡No me digas!
    • Sí, y el problema es _____ (daß man ... nicht kennt)
      los efectos que tienen.
    – ¡Pura química! ¡ _____ (Weder wird ... informiert noch
      gewarnt) al consumidor!

7. – ¡Qué sombrero más original! ¿Dónde lo has conseguido?
    • En un rastro. _____ (Sie werden ... verkauft) muy baratos,
      pero _____ (sie werden nicht mehr hergestellt).

SL 247, 248; 445, 446

7. *Marca con un asterisco (*) las frases que no son correctas y corrígelas.*

¿Es correcto? _____ Debe decir: _____

1. En muchos países discriminan a los extranjeros.
2. En muchos países se discriminan a los extranjeros.
3. En muchos países discriminan extranjeros.
4. A los extranjeros siempre se los discriminó.
5. Los extranjeros y las extranjeras siempre fueron discriminados.
6. En muchos países se discrimina a extranjeros y a toda persona de tez *(Hautfarbe)* oscura.
7. En muchos países el extranjero siempre fue discriminado.

8. En este país se comen excelentes mariscos *(Meeresfrüchte)*.
9. En este país come a más no poder *(unheimlich viel)*.
10. En este país se come excelente marisco.
11. En este país se come excelentes mariscos.
12. En este país se comen de maravilla *(wunderbar)*.
13. En este país comen que es una maravilla.

14. Se necesitó a muchas personas para que la manifestación tuviera éxito.
15. Se necesitaron muchas personas para que la manifestación tuviera éxito.
16. Necesitaron muchas personas para que la manifestación tuviera éxito.
17. Se necesitaron a muchas personas para que la manifestación tuviera éxito.

SL 444

8. *Los verbos **quedar** y **resultar** también aparecen a veces en construcciones pasivas, o sea, pueden combinarse con un participio (de ciertos verbos solamente). Completa las frases con el verbo que corresponda.*

El fin de semana, en la ruta Madrid – Barcelona, (1) _____ muertas varias personas como consecuencia de un choque entre un autocar con turistas franceses y un (tren) expreso. El autocar (2) _____ completamente destrozado y muchos turistas que (3) _____ heridos fueron llevados al hospital más cercano. Durante más de veinte horas el tráfico ferroviario (4) _____ suspendido. Las causas del accidente todavía no (5) _____ aclaradas hasta el último detalle. Parece haber sido fallo *(Versagen)* humano.

47

Empleo del subjuntivo

Verbos que expresan un sentimiento

SL 639 ff.

1. Dos personas viven juntas desde hace tres años. Una está un poco cansada de la otra y un buen día decide decirle todo lo que no le gusta, le molesta, la / lo pone nerviosa /o o de mal humor, le da rabia, le aburre, le irrita, etc. Aquí tienes la lista. ¿Cómo se lo dice?

– *Me aburre* que **pasemos** todos los fines de semana en casa.
- ¿Sabes qué? Que a mí *me da rabia* que **veas** sólo programas de deporte.

1. comerse las uñas
2. no lavarse los dientes antes de irse a la cama
3. mirar la televisión mientras comen
4. olvidarse de su cumpleaños
5. trabajar los fines de semana
6. leer el periódico cuando están desayunando
7. interesarle solamente el tenis
8. llegar tarde del trabajo
9. levantarse temprano los domingos
10. no ayudarle con las compras
11. nunca regalarle un libro
12. siempre viajar en primera clase
13. no levantarse de noche cuando el bebé llora

Verbos que expresan necesidad o deseo

SL 632, 633, 649, 652

2. Pero las cosas no quedan ahí ...

1. ¿No te parece que ya es hora de que las cosas _____ ? (cambiar)
2. ¿No crees que es conveniente que _____ (compartir) las tareas domésticas?
3. No es indispensable que siempre _____ (viajar) en primera clase.
4. Espero que te _____ (dar) cuenta de que las cosas no pueden seguir así.

5. No me parece justo que siempre _____ (ser) yo quien haga las compras.
6. Quiero que tú también _____ (levantarse) cuando llora el bebé.
7. Dime una cosa. ¿Hace falta que _____ (quedarse) hasta tan tarde en la oficina?
8. ¡Qué ganas tengo de que (nosotros) _____ (acostarse) un lunes y _____ (levantarse) un domingo!
9. Y que no tenga siempre que decirte que _____ (lavarse) los dientes, que ya eres grande, ¿no crees?
10. ¡Espero que después de todo lo que te he dicho me _____ (seguir) queriendo igual!

Más verbos que expresan un sentimiento, una opinión o punto de vista

 SL 633, 639–642, 653

3. Dos chicos están hablando de los sentimientos que le producen a su amigo Nacho ciertas personas, cosas o situaciones.
Construye frases con los elementos de las columnas.

A Nacho …	que …
encantarle	las chicas _____ (maquillarse) mucho /poco.
parecerle bien /mal	algunos jóvenes _____ (conducir) tan rápido.
darle miedo	se _____ (poder) viajar a todas partes.
(no) gustarle	le _____ (hacer) las tareas domésticas.
darle pena	sus amigos siempre _____(ir) a los mismos bares.
ponerle triste	sus padres _____ (discutir) todo el santo día.
extrañarle	que su novia _____ (salir) con otros chicos.
fascinarle	la gente _____ (no ser) más respetuosa con los ancianos.
aburrirle	los profes *(Pauker)* no _____ (tener) ideas nuevas.

3.a Y ahora piensa lo que dirías tú hablando de tus propios sentimientos. Luego le pides a una persona que sepa castellano que te corrija las frases.

Verbos que expresan una opinión o punto de vista

SL 649–652, 655

4. *Completa los siguientes diálogos. ¿Sabes por qué se usa el subjuntivo?*

– Me parece que Pablo no viene.
• Yo tampoco creo que _____ (1). Ayer hablé con el chico que vive
con él y me dijo que estaba bastante resfriado.

– Mañana viene mi hermana.
• ¿Traerá a los niños?
– No creo que los _____ (2). Quería pasar un par de días sola.

– Te he dicho mil veces que no me gusta verte con ese chico. ¿O es que no
me oyes?
• No es que no te _____ (3), pero no entiendo cómo puedes
decirme algo así.

– Tengo ganas de ir al cine. ¿Me acompañas?
• ¿Qué película dan?
– Una de Chaplin.
• No me parece que _____ (4) películas viejas en ese cine.

– Mira qué bien. Ana nos invita a cenar.
• Seguro que hace paella.
– Dudo mucho que _____ (5) eso. La última vez le salió mal y nadie
quiso comerla.

Verbos que expresan necesidad o deseo

SL 633, 635, 638; 689; 41, 46

5. *Completa el siguiente diálogo.*

¿TUS PADRES TAMBIÉN SON ASÍ?
Juan y Ana Rodríguez tienen dos hijas de trece y quince años. Como a todas
las chicas de esa edad, a ellas les encanta ir a la discoteca, salir con sus amigas / os, ir al cine y hacer fiestas. Juan y Ana no son muy tolerantes. Estos
diálogos se escuchan con mucha frecuencia en casa de los Rodríguez.

– ¿Éstas son horas de llegar a casa? ¿Pero qué os habéis pensado? ¿Sabéis la hora que es?
• No.
– Os he dicho mil veces que no (1) _____ (volver) tarde. La próxima vez no os abriremos la puerta. Y ahora ¡a la cama!

– ¡No sabéis qué ganas tengo de que (2) _____ (empezar) a crecer! ¿Cuándo os haréis mayores?
• ¿Para qué?

– ¿Sabes una cosa, Juan? Tiene que haber una forma de impedir que estas niñas (3) _____ (pensar) que pueden hacer lo que quieren.
• El problema es que no piensan ...
– Hay que intentar que nos (4) _____ (contar) sus problemas, que (5) _____ (volver) a confiar en nosotros. Quizás deberíamos hablar con una psicóloga para que nos (6) _____ (recomendar) algunas estrategias.
• ¿Sabes qué, Ana? Prefiero que las niñas no (7) _____ (querer) salir con nosotros, que (8) _____ (acostarse) a cualquier hora y que (9) _____ (almorzar) y que (10) _____ (cenar) en un Mc Donald antes de que tú y yo (11) _____ (volverse) locos yendo a un psicólogo.

Verbos que expresan deseo y punto de vista

SL 633, 636, 653; 383; 51, 53

6. *Dos mamás están hablando de sus hijos y de los deseos que tienen (ellas, está claro).*

– Yo quiero que (1) _____ (elegir) una carrera que le (2) _____ (servir) más tarde para ganar dinero.
• Lo más importante es que no (3) _____ (repetir) nuestros errores.
– A mí no me gusta que (4) _____ (vestirse) como un espantapájaros.
• Prefiero que (5) _____ (seguir) vistiéndose como un espantapájaros a que se vaya de casa.
– Yo espero que les (6) _____ (servir) nuestros consejos.
• Lo único que yo exijo es que no (7) _____ (reírse) de nosotras.

El subjuntivo en la oración de relativo y subordinada

SL 383; 681

7. *Explícale a una persona que no sabe alemán lo que se busca o se necesita.*

(A)

TENNIS
Wer hat Lust, spielen zu lernen oder Kenntnisse aufzufrischen?

– ¿Qué pasa con el tenis?
• Buscan a alguien que no (1) _____ (saber) jugar al tenis o que (2) _____ (tener) ganas de refrescar lo poco que sabe.
– ¿Y para eso ponen un anuncio?
• Parece que sí.

(B)

Tischler, 32, sucht wegen Werkstattauflösung neue Tischlerei zur Mitbenutzung.

– ¿Cómo se llama la persona que hace mesas, sillas, armarios, etc.?
• Carpintero.
– Bueno ... Se trata de un carpintero que ya no tiene taller donde trabajar y ...
• ¿Busca trabajo?
– No. Necesita que le (3) _____ (alquilar) un taller.

(C)

Tango/Salsa/Merengue
Tanzen lernen mit Spaß in guter Atmosphäre. Probestunden mögl.

– Mira, algo para ti. ¿No te gustaba bailar?
• A ver ... ¡Pero yo ya sé bailar!
– Precisamente. ¿No estabas buscando trabajo? Quizás te (4) _____ (ofrecer) algo.

(D)

Umzüge Kleintransporte Sperrmüllabfuhr
Nah + fern fahr'n wir gern, von früh bis spät an allen Tagen – das Team mit großem Möbelwagen.
(09643) 234 667

– Aquí está la solución para cuando (5) _____ (volver) a España.
• Anda, traduce.
– Aquí ponen que transportan lo que (6) _____ (querer), adonde más te (7) _____ (gustar) y cuando (8) _____ (ser).
• ¿Y cuánto cobran?
– Eso no lo dicen, pero se puede llamar por teléfono.

El subjuntivo en la oración independiente

SL 437, 606–609

8. *Seguro que conoces el significado de estas frases. Elige la situación dónde se dirían. ¡No existe una respuesta para todas!*

1	¡Que tenga suerte!	A	Cuando sacas malas notas en la escuela.
2	¡Que en paz descanse!	B	Cuando dos amigos salen de vacaciones.
3	¡Vivan los novios!	C	En una manifestación.
4	¡Que los cumplas feliz!	CH	Antes de empezar a comer.
5	¡Que tengáis buen viaje!	D	Cuando sales de compras.
6	¡Que aproveche!	E	Si una persona, a quien no tuteas, tiene que hacer algo difícil o complicado.
7	¡Que se mejore!	F	Antes de acostarse.
8	¡Que descansen!	G	Cuando te despides de una persona.
9	¡Que te diviertas!	H	El día de tu santo.
10	¡Muera la dictadura!	I	Si alguien ha muerto.
11	¡Que te vaya bien!	J	En una boda.

1	2	3	4	5	6	7	8	9	10	11

El subjuntivo en la oración independiente y subordinada

SL 435; 642; 653; 657

9. *Imagínate la siguiente situación. Un amigo tuyo quiere salir a acampar por un mes, pero no tiene la menor idea de esas cosas. Tú le das un par de consejos. (¡Todos los verbos son irregulares!)*

– No me parece bien que (1) _____ (querer) ir solo. Precisamente por ser la primera vez, es mejor que no (2) _____ (ir) muy lejos. Es importante que (3) _____ (conocer) las reglas básicas para acampar, y que

(4) _____ (saber) algo de primeros auxilios. Aquí tienes un libro. Llévatelo, puede ser que te (5) _____ (hacer) falta. No es necesario que me
lo (6) _____ (devolver) en seguida. ¡Y mucho cuidado, eh! Que no te
(7) _____ (ir) a pasar nada. Es una lástima que no (8) _____
(poder) acompañarte, me gustaría mucho. Quizás (9) _____ (ir) juntos la
próxima vez.

9.a *Para practicar otras terminaciones verbales puedes hacer el mismo ejerci-*
cio, pero reemplazando «un amigo» por «unas amigas españolas».
Comienza así:

– No me parece bien que **queráis** ir solas. ...

(Fíjate bien en los cambios que tienes que hacer: no sólo cambian las formas
verbales.)

9.b *Con el mismo fin, imagínate la situación con dos amigos tuyos colombia-*
nos. En ese caso empezarías así:

– No me parece bien que **quieran** ir solos. ...

El subjuntivo en la oración subordinada

(No está mal que vuelvas a repasar.)

SL 633, 636, 639 ff.; 653

10. *Cuando sea grande ...*

Javier tiene dieciséis años. Le encantan las lenguas extranjeras y la informática. Detesta el fútbol, pero le encanta bucear. Es un fanático de la fotografía. Sale con una chica francesa que tiene dos años más que él. No quiere
estudiar, es decir, no le interesa ir a la universidad, pero le gustaría ser
camarógrafo submarino. Sus padres, como todos los padres, se preocupan
por su futuro. El único problema, como suele ocurrir, es que no piensan en
el mismo futuro.

A ti sólo te toca completar las frases.

MADRE Yo sé que la vida submarina es fascinante, pero es mejor que (1) _____ (ir) a la universidad y (2) _____ (estudiar) geografía. Es muy posible que (3) _____ (encontrar) después un puesto de trabajo en la escuela. Ya sabes que los maestros ganan bien y tienen muchas vacaciones. Es preferible que (4) _____ (tener) un trabajo seguro y que (5) _____ (practicar) tus «hobbies» en tu tiempo libre.

PADRE ¡Tonterías! Yo que tú aprendo bien inglés y me especializo en informática y después trato de conseguir una beca *(Stipendium)* para EE. UU. No exijo que (6) _____ (ser) un genio, pero no quiero que mañana me (7) _____ (decir) que no te he dado la posibilidad de estudiar.

MADRE No es que (8) _____ (querer) meterme en tu vida, pero te aconsejo que (9) _____ (salir) con una chica de tu edad. A mí me parece fantástico que (10) _____ (tener) una amiguita, pero ¿no sería mejor ir al fútbol? Es lógico que te (11) _____ (gustar) las chicas mayores. Son interesantes … , tienen más experiencia … , pero tú eres muy joven todavía.

PADRE ¿A tu madre le preocupa que (12) _____ (tener) novia? ¿Por qué no le preguntas cuántos años tenía cuando empezó a salir conmigo? Mira hijo, lo importante es que (13) _____ (divertirse) y que (14) _____ (estar) contento. Eso sí: no quiero que me (15) _____ (traer) malas notas. Mientras (16) _____ (vivir) en esta casa, es así. Cuando (17) _____ (irse) y (18) _____ (hacer) tu vida por ahí, será otra cosa.

11. Para que repases otra vez.

A   EN EL AEROPUERTO

«Su atención, por favor. Para evitar complicaciones, que (1) _____ (subir) primero las personas con niños pequeños; después, aquéllas que (2) _____ (tener) los asientos de 20 a 40 y por último quienes (3) _____ (ocupar) asientos de fumador. Se ruega a los señores pasajeros que (4) _____ (apagar) los cigarrillos y (5) _____ (llevar) la tarjeta de embarque en la mano.»

B   ISABEL ESTÁ EMBARAZADA

Isabel va a ser mamá y todo el mundo le hace preguntas tontas: ¿Qué quieres que (1) _____ (ser), nena o nene?, ¿que (2) _____ (parecerse) a ti o a tu marido?, ¿que (3) _____ (tener) los ojos azules como el abuelo o negros como la tía Juana? Y la pobre Isabel, lo único que quiere, es que la (4) _____ (dejar) tranquila y que el niño o la niña (5) _____ (nacer) sin problemas. Le importa un comino *(es ist ihr völlig schnuppe)* que (6) _____ (ser) niña o varón, que (7) _____ (parecerse) a su marido o al vecino de abajo. Lo más importante es que (8) _____ (estar) bien de salud y que (9) _____ (ser) feliz.

C   En casi todos los países de habla hispana se festeja el 6 de enero, y aunque los niños ya no crean en los Reyes, siguen escribiéndoles cartas para que les (1) _____ (traer) exactamente lo que quieren. Por ejemplo, que les (2) _____ (traer) un «game boy» o que les (3) _____ (poner) dinero en los zapatos en lugar de golosinas. No esperan que les (4) _____ (regalar) las cosas que necesitan (ropa, por ejemplo), sino las cosas que les gustan.

D   Danielito es un niño terrible: le encanta romper las plantas, tirarle la cola al gato, decir malas palabras y hacer mucho ruido a la hora de la siesta. Su madre siempre le dice:

– Que no te (1) _____ (ver) rompiendo las plantas. Que no te (2) _____ (escuchar) decir malas palabras. Que no te (3) _____ (oír) hacer ruido a la hora de la siesta. A Daniel no le interesa para nada lo que le (4) _____ (decir) su madre, ni que el gato (5) _____ (sufrir), ni que las plantas (6) _____ (romperse), ni que los vecinos (7) _____ (protestar) porque no pueden dormir.

12. Cuestión de tiempo.

A   Martín está enfermo, pero ha ido igual al colegio. La maestra se ha enojado mucho con él ...

«Quiero que vuelvas inmediatamente a casa. Tan pronto como (1) _____ (llegar), te acuestas; en cuanto *(sobald)* tu madre (2) _____ (comunicarse) con el médico, le dices que me llame y me cuente lo que te pasa; y tú te quedas en casa hasta que (3) _____ (sentirse) mejor y se te (4) _____ (pasar) esa fiebre. La próxima vez que te (5) _____ (ver), quiero verte sano. ¿Vale?»

B   ¿Sabes hacer empanadas *(Fleisch-, Fischpastete in Teighülle)*?
Es muy fácil. Primero hay que preparar la masa. Tan pronto como (1) _____ (estar) lista, se cortan las tapas *(Teigformen ausstechen)* y se empieza a hacer el relleno; después tienes que freír la carne y la cebolla hasta que (2) _____ (ponerse) bien doradas *(goldbraun)*. Luego se agregan los huevos duros y las aceitunas; se rellenan las tapas y se ponen al horno. En cuanto (3) _____ (ver) que están doraditas las sacas. La primera vez nunca salen bien del todo, pero la próxima vez que las (4) _____ (hacer), seguro que te salen mejor.

C   Quizás en la clase de español has jugado a un juego parecido ...
Cuando (1) _____ (morirse) un tío mío millonario que tiene 103 años, voy a heredar una gran fortuna. No bien *(kaum)* la (2) _____ (heredar), voy a depositarla en un banco. El día que me (3) _____ (dar) los intereses, me voy a comprar un billete de avión y voy a viajar hasta que no me (4) _____ (quedar) más ganas de ver mundo. Entonces me voy a comprar una casa donde poder vivir con la mujer o el hombre de mis sueños. Y cuando la / lo (5) _____ (encontrar), le pediré que (6) _____ (vivir) conmigo y seré la persona más feliz del planeta. Y colorín colorado, este cuento se ha acabado. *(Und damit wäre die Geschichte zu Ende.[1])*

[1] *Schlußformel spanischer Märchen*

13. ¿Subjuntivo o infinitivo?

A   – ¡Mira lo que le he comprado a Mabel! ¡Un tren eléctrico!
- ¿Y para qué?
- ¿Cómo para qué? Para que (1) _____ (entretenerse). Como tiene sarampión *(Masern)* y no puede salir de casa ...
- ¿No te parece que ya tiene suficientes cosas para (2) _____ (jugar)?
- Esta discusión ya la hemos tenido muchas veces. Cuando estás enfermo, ¿no te gusta que te vengan a ver y te mimen *(verwöhnen)* un poco? Bueno, los niños y los adultos se parecen bastante en eso, para que lo (3) _____ (saber).
- Antes de (4) _____ (seguir) discutiendo, prefiero que lo dejemos aquí, ¿vale?
- Bueno, bueno. No es para tanto *(so schlimm ist es nicht)*. No te pongas así.

B   Pablo es un niño absolutamente atípico: antes de (1) _____ (sentarse) a la mesa, se lava las manos sin que su madre se lo (2) _____ (decir). Después de (3) _____ (comer), la ayuda a lavar los platos sin que se lo (4) _____ (pedir), y antes de que su papá (5) _____ (abrir) la boca, ya está listo el café. En cambio, su hermana Inés es todo lo contrario: se queda leyendo en su habitación hasta que se le (6) _____ (cerrar) los ojos de sueño, puede pasarse días enteros sin (7) _____ (comer) y sin que el gato (8) _____ (comer) porque está en otro mundo y se olvida de todo.

C   – El televisor no funciona.
- ¿Otra vez?
- Sí. Hay que llevarlo al taller a que *(damit)* lo (1) _____ (arreglar).
- La verdad es que no lo entiendo. Ayer vino Pablo a (2) _____ (arreglarlo) y andaba.

14. *¿Presente de indicativo o de subjuntivo?*

A   – ¿Sabes algo de Paco?
  • Nada. Supongo que (1) _____ (llegar) la semana que viene,
    aunque no creo que (2) _____ (quedarse) mucho tiempo por-
    que está muy ocupado.
  – Bueno, si lo (3) _____ (ver), le dices que quiero hablar con él.
    Es importante que lo (4) _____ (saber).
  • De acuerdo. La próxima vez que (5) _____ (venir) por aquí,
    se lo diré.

B   – ¿Has oído?
  • ¿Qué?
  – Me parece que (1) _____ (haber) alguien abajo.
  • No creo que (2) _____ (haber) nadie. Duérmete, es el viento.
  Pasa una hora.
  – Ana, ¿que no has oído?
  • ¿Qué pasa? ¿Qué pasa?
  – Baja, que tengo miedo.
  • ¿Cómo?
  – Que (3) _____ (bajar), que hay un ladrón *(Dieb)*.
  • Baja tú, que estoy muy cansada. Y duérmete de una vez que aquí no
    (4) _____ (haber) ladrones. A lo mejor *(vielleicht)* (5) _____
    (ser) ratones.
  – ¿Ratones? ¿Pero tú crees que aquí (6) _____ (haber) ratones?
  • ¿Por qué no? Estamos en el campo. No es extraño que (7) _____
    (haber) ratones.
  – ¡Ah no! ¡Eso sí que no! Si hay ratones, yo me voy.
  • ¿Y adónde piensas ir a estas horas?
  – Adonde (8) _____ (ser), pero aquí no me quedo.
  • Haz lo que (9) _____ (querer), pero si (10) _____ (querer)
    irte, vete ya y a mí me dejas dormir. ¿Vale?

15. *¿Presente y futuro o presente de subjuntivo?*
Completa las frases. Marca con una cruz lo que tú dirías.

	... esos ejercicios	son	sean	serán	fáciles.
1	Te aseguro que	✕			
2	Probablemente				
3	Me parece que				
4	No creo que				
5	Quizás				
6	A lo mejor				
7	Es evidente que				
8	No está demostrado que				
9	Posiblemente				
10	Tal vez				
11	No es posible que				
12	Dudo que				
13	Me imagino que				
14	Creo que				
15	Acaso				
16	Es imposible que				
17	No es probable que				
18	Está visto que				
19	Seguramente				
20	Lo más probable es que				
21	No es posible que				
22	Está demostrado que				
23	No cabe duda que				
24	Al parecer				
25	No me parece que				
26	No dudo que				

SL 672–675; 681

16. *¿Subjuntivo o futuro?*

– ¿Cuándo (1) _____ ? (venir)
• Ya te darás cuenta cuando (2) _____ (llegar)
– ¿Pero qué te pasa? ¿Estás de mal humor?
• Mira si estaré de mal humor, que te he comprado un regalo ...
– ¡Qué bien! ¿Qué es?
• Ya verás cuando lo (3) _____ (abrir)

– ¿Y cuándo me lo (4) _____ (dar) ?

• Tan pronto como me (5) _____ (dejar) leer la carta que te llegó ayer.

– Ni pienso.

• Y cuando (6) _____ (volver) a llamar ese tipo que siempre cuelga cuando yo atiendo, ya verás lo que le digo.

– ¿Y qué le (7) _____ (decir)?

• No es cosa tuya.

– ¿No estarás celosa / o *(eifersüchtig)*, verdad?

• ¿¡Celosa /o yo!?

17. *Lee el texto y busca en el diccionario las palabras que no conoces.*

Los hijos

Las nuevas formas, rebeldías y tragedias han puesto una vez más de moda a los hijos, esa cosa que tenemos en casa, que nos lleva la contraria, opina distinto, viste como un espantapájaros y vive de nuestro dinero. Igual que hace 30 o 40 años, sólo que algo menos convencional.

El problema de tener hijos es que insisten en crecer. Y, al crecer, intentan conseguir su independencia personal antes de que les llegue la económica. La vieja frase de que «mientras estés en mi casa, harás lo que yo diga» no sirve ya: los chicos exigen sus derechos, y como van al gimnasio y comen mejor, son más fuertes que el padre y las órdenes a golpes ya no tienen efecto.

No es culpa suya que sean capaces de pensar antes de que ganarse la vida. Es culpa del sistema y es injusto que los castiguemos por ello.

Menudos sustos nos llevamos los padres con las salidas nocturnas y las malas compañías. Tantos, que siempre olvidamos los que se llevan ellos. Convendría recordar que las víctimas no solemos ser los padres, sino los hijos: son ellos los violados, no nosotros, y en los peores momentos son ellos los muertos. ¿Cómo echarles además la culpa?

Fernando Schwartz, El País, 3–III–1993
(texto adaptado)

Tres personas han leído el artículo y han reaccionado así:

A ¡Estoy hasta las narices de estos padres progresistas! Estoy harto de que mi hijo siempre me (1) _____ (pedir) ropa de marca, de que (2) _____ (volver) de la discoteca a la hora del desayuno y de que su madre no (3) _____ (dormir) durante toda la noche; de que (4) _____ (ir) de vacaciones adonde él (5) _____ (poder) divertirse, aunque no (6) _____ (haber) un sólo restaurante decente. ¡No veo la hora de que (7) _____ (crecer)!

B   Yo no creo que el problema (8) _____ (ser) solamente la indepen-
     dencia económica. Tampoco pienso que a toda la gente joven le (9)
     _____ (encantar) vivir de los padres. En el mundo en que vivimos
     hay poco lugar para ellas / ellos. A fin de cuentas viven en el mundo que
     nosotras, las personas mayores, hemos construido.

C   Yo no sé quién es ese Schwartz, pero dudo mucho que (10) _____
     (tener) hijos. ¿Sabe una cosa? El mío se pone mis camisas, me quita el
     coche, tiene una computadora diez veces mejor que la mía y quiere que
     lo (11) _____ (mandar) a estudiar a Havard. ¿Qué me cuenta?

*18. Todo el mundo tiene sueños; hay gente que sueña con la felicidad (aunque
nadie sepa muy bien qué es), y hay gente que sueña con el poder, la fama, el
dinero; también hay personas que sueñan con otras personas. En fin: soñar no
cuesta nada ...*
*Bien ... después de haber leído el principio de las historias siguientes, puedes
seguir sola / o. Luego te buscas a alguien que sepa castellano y le dices que te
corrija las faltas.*

1.   Ana tiene quince años y está cansada de que sus padres siempre le digan
     lo que tiene que hacer. A veces piensa en voz alta y dice: – *Cuando* cum-
     pla dieciocho años, me voy a ir de casa y haré todo lo que quiera. *Tan
     pronto* tenga el carnet de conducir, me voy a comprar un coche usado
     con el dinero que me dará la abuelita. *En cuanto* ...

2.   Pablo, su hermano, está feliz de vivir en casa de sus padres porque así
     no gasta dinero. Él es un fanático de la informática y está ahorrando
     para comprarse una computadora más rápida: – *Cuando* haya ahorrado
     lo suficiente – comenta, – me compraré un ordenador como el de papá.
     Tan pronto como lo tenga, copiaré esos programas que vi la semana
     pasada y me pondré a trabajar inmediatamente. *Cuando* sepa manejar
     bien los programas ...

3.   Los Villarroel acaban de tener su primera hija. El papá que está loco de
     alegría, mira a la bebita durmiendo en la cuna y empieza a hacer planes:
     – *Cuando* sea grande, será arquitecta como su padre. *En cuanto* termine
     la universidad, le pondré un estudio *(Büro)*. *Tan pronto* tenga el estudio,
     comenzará a trabajar en proyectos importantes y ...

Imperfecto de subjuntivo

¡Ojo! Si el verbo principal está en un tiempo pasado (perfecto simple [pretérito indefinido], imperfecto, pluscuamperfecto o condicional), el verbo subordinado también está en pasado. La acción del imperfecto de subjuntivo, sin embargo, puede realizarse en cualquier tiempo, es decir, en el pasado, presente o futuro.

SL 8, 19, 27; 668

19. *Vuelve al ejercicio 1 de la página 11. Se trata de aquella familia que quería ahorrar. Transforma los verbos comenzando así:*

Los padres les **pidieron** a los chicos que no ...

1. _____ (dejar) las luces encendidas.
2. _____ (tomar) siempre el autobús que la escuela no está lejos.
3. _____ (comprar) tantas golosinas *(Süßigkeiten)*.
4. _____ (gastar) tanta agua.
5. _____ (hablar) tanto por teléfono.

Los chicos les **sugirieron** a los padres que ya no ...

6. _____ (salir) todas las noches.
7. _____ (cenar) tanto afuera.
8. _____ (ir) tanto al cine.
9. _____ (mandar) la ropa a la lavandería.
10. _____ (invertir) tanto dinero en muebles nuevos.

Y todos juntos **decidieron** que era mejor que no ...

11. _____ (tener) asistenta *(Haushaltshilfe)*.
12. _____ (hacer) tantos viajes.
13. _____ (salir) todos los fines de semana.
14. _____ (gastar) tanto dinero en diversiones.
15. _____ (usar) tanto el coche.

20. *Ahora mira el ejercicio 3 de la pág. 14, «Los buenos consejos de una madre a otras madres», y completa las frases con el tiempo que corresponda.*

Lo más importante era que no (1) _____ (ser) una madre perfecta y que (2) _____ (sacar) a sus hijos de la cama temprano, aunque no (3) _____ (estudiar) ni (4) _____ (trabajar). Era indispensable que les (5) _____ (recordar) todas las normas de higiene, y apenas el hijo o la hija (6) _____ (levantarse), le (7) _____ (decir) que (8) _____ (lavarse), (9) _____ (limpiarse) las uñas y (10) _____ (ponerse) desodorante.

En caso de que el hijo o la hija (11) _____ (trabajar), era aconsejable que lo / la (12) _____ (acompañar) hasta la puerta de calle y le (13) _____ (recomendar) en voz alta – para que todas las vecinas (14) _____ (escuchar) – que no quería que (15) _____ (volver) sola /o de la oficina, que le parecía mejor que (16) _____ (hacer) el viaje con un /a amigo /a y que (17) _____ (tener) mucho cuidado al cruzar la calle. Y por supuesto que no (18) _____ (olvidarse) de comerse el bocadillo que usted le había preparado.

Si lo anterior fallaba, se podía intentar la técnica del beso. Había que besar a la hija o al hijo hasta que se (19) _____ (ponerse) roja /o como un tomate, preferiblemente delante de amigas /os y vecinas /os. Era recomendable que le (20) _____ (decir) que estaba cada día más guapa /o e inteligente. Por las noches era preciso que (21) _____ (meterse) en su habitación, sobre todo a las dos, tres de la mañana, y si estaba dormida /o, la / lo (22) _____ (despertar) diciendo lo feliz que era porque seguía viviendo en casa.

Si las estrategias mencionadas fracasaban y si la chica o el chico insistía en quedarse en casa, entonces sólo quedaba meterse con *(sich anlegen mit)* la novia o con el novio. Algunos comentarios sobre las funciones fisiológicas no vendrían mal.

Para resumir: era conveniente que las / los (23) _____ (tratar) como si fueran niñas / os aunque (24) _____ (tener) canas *(weiße Haare)*, que (25) _____ (olvidarse) de todas esas comidas que tanto les gustaban, y que les (26) _____ (espantar *verschrecken*) a las novias y novios. De tal modo que (27) _____ (poder) tomarse un respiro antes de que (28) _____ (ser) demasiado tarde.

21. ¿Te acuerdas del ejercicio 1 pág. 48, esa persona que un buen día decidió decirle a la otra todo lo que le molestaba? Bueno, esa persona intentó e intentó que las cosas cambiaran, y volvió a pedirle a la otra persona que intentara ser diferente, pero la cosa no funcionó y por eso se fue de casa. Un día la otra persona le pidió explicaciones (aunque no fuera necesario).
Fíjate en el ejemplo y termina las frases de la misma manera.

– Te dije mil veces que *me aburría* que **pasáramos** todos los fines de semana en casa.
- ¿Acaso no sabías que *estaba harta / o* de que **vieras** sólo programas de deporte?

1. No me gustaba que ...	comerse las uñas – no lavarse los
2. Me daba asco que ...	dientes antes de irse a la cama –
3. Me aburría que ...	mirar la televisión mientras comen
4. Me ponía triste que ...	– olvidarse de su cumpleaños
5. Francamente me irritaba que ...	– trabajar los fines de semana
6. Me daba mucha rabia que ...	– leer el periódico cuando están
7. Me molestaba que ...	desayunando – interesarle sola-
8. Me ponía muy nerviosa /o que ...	mente el tenis – llegar tarde del
9. No me cabía en la cabeza que ...	trabajo – levantarse tarde los
10. Me sacaba de las casillas	domingos – no ayudarlo a hacer
(*verrückt machen*) que ...	las compras – nunca regalarle un
11. Me parecía injusto que ...	libro – siempre viajar en primera
12. Me ponía de mal humor que ...	clase – no levantarse de noche
	cuando el bebé llora

22. Vamos a suponer que Nacho (el chico del ejercicio 3, pág. 49) es ahora un abuelo que les cuenta a sus nietos las cosas que le gustaban, le fascinaban, le daban miedo cuando era joven. Mira el ejemplo. Luego transforma las frases.

No *me gustaba* que mi novia **saliera** con otros chicos.

1. Me parecía bien que ...	maquillarse tanto
2. Me parecía mal que las chicas ...	conducir tan rápido
3. No me parecía bien que mis amigos ...	ir siempre a los mismos bares
4. Me daba miedo que algunos jóvenes ...	poder viajar a todas partes
5. Me daba pena que mis padres ...	no tener ideas nuevas
6. Me ponía mal que mis profesores ...	discutir todo el santo día
7. Me ponía triste que la gente...	no ser más respetuosa /o con
8. Me aburría que los profesores ...	los ancianos
	le hacer las tareas inútiles

23. *Fíjate en el texto de las dos mamás que hablan de los deseos que tienen con respecto a sus hijos (mira el ej. 6, pág. 51). Como se trata de deseos que se refieren al futuro, hay que hacer algunos cambios.*

– A mí *me gustaría* que (1) _____ (elegir) una carrera que le
   (2) _____ (servir) más tarde para ganar dinero.
• Para mí, lo más *importante sería* que no (3) _____ (repetir) nuestros
   errores.
– A mí *me molestaría* que (4) _____ (vestirse) como un espantapájaros.
• Yo *preferiría* que (5) _____ (seguir) vistiéndose como un espanta-
   pájaros a que (6) _____ (irse) de casa.
– Yo *quisiera* que les (7) _____ (servir) nuestros consejos.
• Yo *me conformaría* con *(sich zufriedengeben, begnügen mit)* que no (8)
   _____ (reírse) de nuestros consejos.

24. *Un amigo tuyo, que quiso salir a acampar pero que no tenía la menor idea de esas cosas (mira el ej. 9, pág. 53), volvió después de una noche: le había pasado de todo (alles ist daneben gegangen). No había prestado ninguna atención a tus consejos y fue con un amigo que tenía menos idea que él. Tú se lo reprochas así:*

◣ ¿Pero no os dije que no me *parecía* bien que **fuerais** solos?

1. ¿Acaso no os expliqué que, por ser la primera vez, era mejor que no
    _____ (ir) muy lejos?

2. ¿No os repetí cien veces que _____ (aprender) un par de reglas
    básicas?

3. ¿Cuántas veces os dije que no _____ (olvidarse) del manual de
    primeros auxilios y que no había ninguna necesidad de que me lo
    _____ (devolver) en seguida?

4. ¡Si os habré recomendado que _____ (tener) cuidado!

5. ¿Cuántas veces habré pensado que era una lástima que no _____
    (poder) acompañaros?

25. *Fíjate cómo se transforma un texto al pasarlo al estilo indirecto. Te damos un ejemplo y tú sigues sola / o. El diálogo ya lo conoces, está en la página 58.*

Una persona (A) muy entusiasmada le mostró a otra (B) un tren eléctrico que acababa de comprarle a Mabel. (B), sin embargo, no entiende por qué le ha comprado un tren y (A) – un poco irritada – le explica que se lo compró para que se **entretuviera**, ya que estaba enferma y no podía salir de casa. (B) insistió en que Mabel ya tenía bastantes cosas para jugar, pero (A) argumentó diciendo si no se acordaba de lo lindo que era que la (1) _____ (visitar) y (2) _____ (mimar) cuando estaba enferma /o. (B) ya no tenía ganas de que (3) _____ (seguir) discutiendo y le pidió que (4) _____ (dejar) las cosas como estaban. (A), que tampoco tenía muchas ganas, puso fin a la conversación diciéndole que no (5) _____ (exagerar) y que no (6) _____ (hacerse) mala sangre *(sich graue Haare wachsen lassen)* porque no era para tanto *(so schlimm war es nicht)*.

26. *Completa las frases con un verbo en imperfecto de subjuntivo.*

1. – Paco está raro últimamente.
   • Es verdad. Es *como si* le _____ (pasar) algo, pero no quiere decir qué es.

2. – ¿Adónde vas con tantas cajas?
   • Quiero cambiar unos libros de lugar.
   – ¡Caramba! *Ni que (als ob)* te _____ (cambiar) de casa.

3. – ¿Se puede saber qué te pasa?
   • ¿Por qué?
   – Te estoy hablando y tú como si _____ (oír) llover *(nicht hinhören)*.

4. – ¡Quién _____ (tener) veinte años!
   • ¿Para qué? ¿Para cambiar de problemas?

5. – ¡Si _____ (poder) decirle que la / lo quiero!
   • Vamos, anímate, que no es el fin del mundo.

6. – ¿Marlén está enferma?
   • Enferma no, pero es como si no _____ (tener) ganas de nada.

7. – ¡Pareces un astronauta con toda esa ropa!
   • Es que pensé que hacía mucho frío y como estoy resfriado …
   – ¡Ni que _____ (vivir) en el Polo Norte!

Perífrasis – Verbale Umschreibungen

Verbo + gerundio

SL 124; 449–454

1. *Hay gente que siempre está ocupada ... Completa los siguientes diálogos.*

– ¡Pablo ... Paaaablo!
* ¿Quéeee?
– ¡Teléfono!
* Ahora no puedo ... **Me estoy duchando**.

1.   – Susana, ven un momento, por favor.
     * Espera un poco, que _____ (ich versuche gerade)
       arreglar el grifo *(Wasserhahn)* del baño.

2.   – Sra. Colombres, hay una persona afuera que desea hablar con Ud.
     * Ya le he dicho que no estoy para nadie.
     – Es que tenía una cita para hoy y _____
       (er/ sie wartet schon) desde hace más de una hora.
     * Siendo así, hágala pasar.

3.   – ¡Chicos! ¡A comer!
     * Un poquito más, mami, que la película ya _____
       (ist gleich zu Ende).

4.   – Pablo, ¿me ayudas a hacer los deberes de alemán?
     * Es que _____ (ich sehe gerade) las noticias. En cuanto
       terminen, estoy contigo.

5.   – Rodolfo, tú nunca me das una mano *(helfen)* con la cocina.
     * ¿Tiene que ser justo ahora que _____
       (ich ruhe mich gerade ein bißchen aus)?

6.   – ¿Hola?
     * ¿Está Mabel?
     – En este momento _____ (sind wir beim Essen).
       ¿Podría llamar más tarde?
     * No.

7.   – ¡Ana, alguien pregunta por ti!
     * ¡¿Pero no ves que _____ (ich gerade ... spreche) con la
       señora!?
     – Sí, pero dice que no puede esperar.

8. – ¿Podrías explicarme este ejercicio?
   • Ahora no, porque _____ (ich bin dabei ... zu über-
   setzen) un artículo muy difícil y no quiero distraerme.

9. – Hace mucho tiempo que tus padres no vienen por aquí.
   • Tienen mucho que hacer. _____ (Sie sind dabei ... zu
   bauen) una casita en las afueras.

10. – ¡Te he dicho mil veces que ordenes tu habitación!
   • Pero mamá, ¿no ves _____ (daß ich gerade ... mache) yoga?

2. *Tacha (streichen) lo que no corresponda.*

1. – ¿Y qué tal la niña?
   • Cada día más grande. Ahora ya *habla / está hablando*. Dice palabras
   nuevas todos los días.

2. – ¿Cómo va el negocio?
   • Últimamente *(in letzter Zeit)* estamos teniendo / tenemos muchos
   problemas con las importaciones, pero las cosas ya van
   mejorando un poco.

3. – ¡Uy, cómo pesa / está pesando!
   • Ya te ayudo.

4. – Oye, ¿no está sonando / suena el teléfono?
   • Yo no estoy oyendo / oigo nada.

5. – Pablo acaba de decirme que este año tendremos una semana más de
   vacaciones.
   • Pablo está creyendo / cree en los Reyes Magos, ¿no?

6. – ¡Vamos, termina de una vez, que me pones / estás poniendo nerviosa!
   • Yo que tú me tomaría las cosas con más calma porque recién *(erst)*
   empezamos / estamos empezando.

7. – ¡Mira, un hombre sobre el tejado! ¡Cómo camina / está caminando!
   • Tranquila /o, es un deshollinador *(Schornsteinfeger)*.

8. – Oye, ¿te decides o no? Hace más de una hora que te esperamos /
   estamos esperando.
   • Es que me lo pienso / me lo estoy pensando.

9. – Yo ya no sé qué hacer con esta /e hija /o. Sale / está saliendo todas las
   noches y bebe / está bebiendo como una esponja *(Schwamm)*.
   • No te preocupes, es la edad.

SL 451–453

3. Tacha (streichen) lo que no corresponda.

1. – Justo *estaba / estuve* terminando un trabajo, cuando llamó Andrés.
    • ¿Y?
    – Nada. Que empezamos a hablar y no pude terminarlo.

2. – ¿Qué tal el fin de semana?
    • Estaba / Estuve trabajando como una loca y no logré terminar todo lo que quería hacer.
    – Lo que pasa es que tú haces demasiadas cosas.

3. – A Tomás le pasa algo.
    • Sí … Creo que sí.
    – A mí me contó que estaba / estuvo fumando mucho últimamente *(in letzter Zeit)* y que no dormía bien.
    • Para mí que tiene otros problemas.
    – Mi amigo y yo estábamos / estuvimos intentando charlar con él, pero ¡imposible! Es más cerrado que una ostra.

4. – ¿Qué sabes de Maite y Pepe?
    • Estuvieron / Estaban saliendo juntos por un tiempo, pero Maite se cansó y se buscó otro ligue *(Liebschaft, Verhältnis)*.
    – ¿Y eso?
    • Pepe estaba / estuvo siempre pensando en el trabajo, y entonces Maite perdió la paciencia y «a otra cosa, mariposa» *(auf zum neuen Flirt)*.

5. – ¿Qué hiciste anoche?
    • Estaba / Estuve cenando en casa de unos amigos.
    – Yo también, y ¿sabes qué? Estuvimos / Estábamos charlando tranquilamente, cuando de repente apareció el vecino de arriba en el balcón.
    • ¿Y?
    – Bueno ... que es sonámbulo *(Schlafwandler)*. Parece que estuvo / estaba caminando un rato por ahí y después no encontró su casa.
    • ¿Y qué hicisteis?
    – ¿Qué íbamos a hacer? Le abrimos la puerta del balcón, después la del ascensor, y el tipo volvió tranquilamente a su cama.

6. – ¡Qué mala suerte!
    • Y ahora, ¿qué te pasa?
    – Es que fui al aeropuerto a despedirme de mi madre. Estuve / Estaba esperando más de una hora en la autopista porque había un atasco, y justo llegué cuando el avión estaba / estuvo despegando.
    • ¿Cuándo aprenderás que no se va nunca al aeropuerto en coche?

4. Completa las frases con *ir, venir, llevar, andar* y *seguir* + *gerundio*

1. – En ti no se puede confiar *(vertrauen)*.
   • ¿Pero por qué?
   – Porque habíamos quedado en que me devolverías el dinero ya, y ahora _____ (decir) que nunca hablamos de eso.

2. – ¡Pobre Juan!
   • ¿Qué le pasó?
   – Que hace dos años que _____ (entrenarse), y ahora no lo seleccionaron para el equipo.
   • ¡Qué mala pata *(Was für ein Pech)*!

3. Una mamá habla con su hija pequeña
   – Mira, si me ayudas podemos terminar antes.
   • Bueno. ¿Qué tengo que hacer?
   – Mientras yo termino de lavar los platos, tú _____ (ordenar) tu habitación.
   • ¿Y si lo hacemos al revés *(umgekehrt)*?
   – ¿Cómo?
   • Que yo ordeno mi habitación mañana y que tú _____ (lavar) los platos.
   – ¿Dónde está la gracia *(Was ist der Witz dabei)*?

4. – ¿Por qué no me echas una mano *(helfen)* con estos formularios?
   • Si me explicas lo que hay que hacer ...
   – No es nada del otro mundo: tú me _____ (dictar) los nombres y yo los _____ (escribir).

5. – Pedro _____ (decir) por ahí que va a casarse contigo.
   • Ése no sabe lo que dice.

6. – Ya estoy harta. _____ meses _____ (buscar) casa *(Wohnung)* y no encuentro nada.
   • ¿Pero no habías alquilado un departamento?
   – Sí, pero vendieron la casa y me echaron a la calle.

7. – ¡Es increíble! Hace una semana que te lo _____ (decir) y tú como si oyeras llover *(als ob es dich nichts anginge)*.
   • Lo que pasa es que no puedo decidirme.
   – Si te lo _____ (pensar), vendrá otro y se lo llevará.

8. – ¿ _____ (entender) un poquito las perífrasis?
   • Sí, pero tengo que _____ (estudiar).

Verbo + infinitivo

SL 462–475

5. *Combina las perífrasis con la noción (Idee) correspondiente.*

A	estar a punto de salir	1	reiteración *(Wiederholung)*
B	pasar a discutir	2	comienzo *(Beginn)*
C	echar(se) a llorar	3	dificultad o acción perfectiva *(Schwierigkeit oder vollendeter Vorgang)*
CH	ponerse a trabajar	4	interrupción *(Unterbrechung)*
D	estar para llover *(Esp.)*	5	resultado *(Ergebnis)*
E	estar por hacer; estar por llegar	6	comienzo inesperado *(unerwarteter Beginn)*
F	no tardar en llamar	7	inmediatez anterior *(unmittelbar Vorangegangenes)*
G	volver a empezar	8	continuidad *(Fortdauer)*
H	llegar a decir; no llegar a terminar	9	comienzo (de otra etapa) *(Beginn eines neuen Abschnitts)*
I	acabar de comer	10	rapidez *(Schnelligkeit)*
J	acabar por aceptar	11	necesidad; inmediatez *(Notwendigkeit;unmittelbar Bevorstehendes)*
K	dejar de llover	12	posterioridad *(Nachzeitigkeit)*
L	no dejar de estudiar	13	simultaneidad *(Gleichzeitigkeit)*

A	B	C	CH	D	E	F	G	H	I	J	K	L

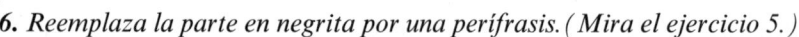

6. *Reemplaza la parte en negrita por una perífrasis.(Mira el ejercicio 5.)*

1. – Ayer vi un libro precioso sobre minerales.
   • ¿Y?
   – Que **casi me lo compro,** pero era tan caro …

2. – Hoy **me ha dicho otra vez** que quiere que hablemos.
   • ¿Y tú?
   – Yo ya no tengo ganas de discutir.

3. – **Recién** *(gerade)* **llamó** Fernando.
   • ¿Y qué quería?
   – Nada especial. Tenía ganas de charlar.

4. – ¿Sabes una cosa? **Ya no fumo.**
   • ¡Pero qué bien!

5. – Estoy harta de tomar pastillas.
   • **Sigue tomando** los antibióticos, por lo menos una semana. Si **no los tomas más,** no te harán ningún efecto.

6. – Si **sigues apostando** *(wetten)* así, **el resultado será que te quedarás** sin dinero.
   • Lo que hago con mi dinero es cosa mía.

7. – ¡Eres un mentiroso!
   • ¿Mentiroso yooooo?
   – Sí. Tú. Nunca pensé que **podrías** decir las cosas que dijiste de mí.

8. – Eres una sentimental. Mira que **empezar a** llorar por una escena de amor ...
   • ¡Qué le voy a hacer! Yo, cuando me emociono y **empiezo a** pensar que a mí me podría pasar lo mismo, no puedo controlarme.

9. – Este chico está desconocido *(nicht wiederzuerkennen sein)*.
   • ¿Por qué?
   – **Ha comenzado otra vez** a estudiar y dice que no piensa abandonar los estudios.
   • Yo que tú no sería tan optimista. El año pasado nos dijo lo mismo y **en seguida cambió** de opinión.

10. – Anoche estaba **a punto de** salir, cuando llamó Juan.
    • ¿Y qué te dijo?
    – Que **otra vez tenía** problemas con la computadora.
    • ¿Y entonces?
    – Y nada. Que **empecé** a explicarle cómo resolverlos y así se hicieron las once de la noche. Como consecuencia llegué tardísimo a casa de Ana que **hacía un momento que se había acostado** y que no me creyó que la culpa no había sido mía. ¡Me dio una rabia *(wütend machen)* ... !

7. *Fíjate en la diferencia y traduce.*

1. a) No estamos para bromas.
   b) No estoy para nadie.
   c) Como te iba diciendo ... Estoy por salir y me doy cuenta de que no tengo las llaves.
   d) Estaba por decir que no, pero volví a pensarlo y acepté.
   e) Mira la hora que es, y la casa está por arreglar.
   f) Este libro es para leer, no para poner en un estante.

2. a) No hay más remedio que volver a empezar.
   b) Volvió y empezó a trabajar.
   c) La última vez nos encontramos en París. Desde entonces no he vuelto a verla /o.
   d) No vuelvas a hablar así de mi mejor amiga / o.

3. a) Si vas a Buenos Aires, no dejes de llamarme.
   b) Me dejas impresionadísima /o con eso que acabas de decir.
   c) ¿Me dejas ayudarte?
   d) Deja ya de hablar y ponte a pensar.
   e) Como tenía mucho que hacer, los dejé charlando y me fui.

4. a) Pablo no está. Acaba de salir.
   b) Me puse tan nerviosa /o que acabé por darle la razón.
   c) Acababa de meterme en la cama, cuando sonó el teléfono.
   d) Acabó de ducharse y se metió en la cama.

5. a) Parece que estaba tan mal que rompía a llorar por cualquier cosa.
   b) Cuando llegué a casa, me puse a mirar las noticias.
   c) Con el ruido de las campanas las palomas se echaron a volar.

Estilo indirecto – Indirekte Rede

SL 626

1. ¡En alemán es diferente! Traduce las frases y presta atención al orden de las palabras.

Alguien llamó por teléfono preguntando cuándo llegaba Marlén.

... wann Marlen ~~kommen wollte~~.

1. La directora quiso saber _____ (ob die Briefe abgeschickt worden sind), pero nadie sabía nada.

2. Cuando pregunté _____ (um welche Uhrzeit die Sitzung stattfinde), me contestaron que todavía no estaba claro.

3. Todavía no pudimos averiguar *(herausbekommen)* _____
   _____(ob es einen Zug gibt) que salga antes del mediodía.

4. En cuanto sepa _____ (wo Marlen steckt),
   te lo digo.

5. Si te enteras _____ (wieviel das Buch kostet),
   ¿me lo dices?

6. Los chicos preguntaron _____ (wann das
   Essen fertig ist), y la madre les dijo que todavía faltaba un poco.

7. Ana quiere saber _____ (ob die Post schon
   da ist) porque está esperando una carta muy importante.

8. No me contó _____ (ob ihre Eltern schon
   umgezogen sind).

9. En cuanto entienda _____ (wie diese
   Maschine funktioniert), te llamo por teléfono.

10. Si me explicas _____ (wofür dein
    Freund das Geld braucht), posiblemente se lo preste.

2. *Completa las frases con el verbo que corresponda.*

A   HACIENDO PLANES

PACO   ¿Qué haces esta noche?
CARLOS   Vamos al cine con Susana.
PACO   ¿Y qué vais a ver?
CARLOS   Ni idea. Las películas siempre las elige ella.
PACO   Yo tenía ganas de ir a bailar, pero Alicia no quiere meterse en una
         discoteca.

Paco y Carlos estaban hablando de lo que querían hacer por la noche. Carlos le comentó que él y Susana (1) _____ (querer) ir al cine. Paco
quiso saber qué película (2) _____ (ir) a ver; Carlos contestó que
no (3) _____ (tener) la menor idea; afirmó que las películas no las
(4) _____ (elegir) nunca él sino Susana. Paco replicó que él, en cambio,
(5) _____ (tener) ganas de ir a bailar y que Alicia, sin embargo, no
(6) _____ (querer) meterse en una discoteca.

B   VIDA DIARIA

Sara volvió a casa después de un largo día de trabajo y preguntó al chico que
vive con ella si (1) _____ (comprar; *¡ojo!, acción anterior a otra
acción pasada*) algo para comer. Él le contestó que (2) _____ (haber)
queso y jamón en la heladera y que el agua mineral (3) _____ (estar)
en el balcón. Se sorprendió un poco de que tuviera hambre y declaró que (4)

_____ (ser) un poco temprano para cenar. Pero Juana le explicó que no (5) _____ (comer; ¡ojo!, = que 1) nada en todo el día.

C   DESPUÉS DE UN EXAMEN

MERCEDES ¿Y? ¿Qué tal?

TRINI Contesté todas las preguntas, pero algunas me parecieron poco claras. ¿Y tú?

MERCEDES Yo no pude terminar. Me faltó tiempo para la segunda parte. Con los ejercicios no tuve problemas, pero con el comentario de texto sí. No se me ocurría nada interesante.

Dos chicas están hablando de un examen que acaban de dar. Mercedes le preguntó a Trini cómo le (1) _____ (ir), y Trini le contestó que (2) _____ (responder) a todas las preguntas, pero que algunas le (3) _____ (parecer) poco claras. Agregó *(hinzufügen)* que con los ejercicios no (4) _____ (tener) problemas, pero con el comentario de texto sí. Reconoció *(zugeben)* que no se le (5) _____ (ocurrir) nada interesante.

D   HABLANDO DE LAS VACACIONES

JAVIER ¡Qué morena estás! ¿Dónde has estado?

ROSA Acabo de llegar de la playa.

JAVIER Pues te ha sentado de maravilla *(wunderbar bekommen)*.

ROSA ¿Tú crees? Yo tengo la impresión de necesitar un descanso.

Javier ¿Pero por qué?

Rosa Mira: hemos vivido en un apartamento ruidoso y lleno de niños que se levantaban a las ocho de la mañana, a veces nos cortaban el agua, nuestros vecinos ponían música a la hora de la siesta, y todas las noches había fiesta en el pueblo hasta las tres de la mañana.

JAVIER ¿Pero por lo menos habéis comido bien?

ROSA ¡Qué va!

JAVIER Bueno, mejor hablemos de otra cosa.

Javier acaba de encontrarse con Rosa. Se sorprendió de lo morena que estaba y le preguntó dónde (1) _____ (estar). Rosa le contó que (2) _____ (acabar) de llegar de la playa, que allí (3) _____ (pasar) las vacaciones. Javier comentó que las vacaciones le (4) _____ (sentar) de maravilla, pero Rosa no estaba muy segura de que (5) _____ (ser; ¡cuidado!, *imperfecto de subjuntivo*) verdad. Javier quiso saber por qué, y ella le explicó que (6) _____ (vivir) en un apartamento ruidoso y lleno de niños que se levantaban tempranísimo, que a veces les (7) _____ (cortar) el agua, con vecinos que ponían música a la hora de la siesta y en un pueblo donde había fiesta hasta las tres de la mañana. Javier la interrumpió para preguntar si por lo menos (8) _____ (comer) bien, pero ella le dijo que no. Entonces Javier decidió cambiar de tema.

3. *Completa las frases siguientes con el verbo en el tiempo que corresponda. Fíjate que a veces se trata de acciones anteriores a otras acciones pasadas, pero no siempre.*

Alejandra le preguntó a Paloma si finalmente (1) _____ (encontrar) las llaves, y Paloma le contestó que las (2) _____ (buscar), pero no las (3) _____ (encontrar).

Juan se sorprendió de que Paco (4) _____ (estar; *¡ojo!, imperfecto de subjuntivo*) todavía en casa, porque pensaba que quería ir al cine. Paco le explicó que (5) _____ (llegar) tarde y que por eso no (6) _____ (conseguir) entradas.

Rosa quiso saber si Mabel (7) _____ (enterarse) de algo, a lo que ésta respondió que sólo (8) _____ (poder) averiguar *(herausbekommen)* que (9) _____ (haber) un detective investigando el caso.

Daniel quiso saber si a Pablo le (10) _____ (gustar) el libro que le había regalado. Pero Pablo le dijo que lo (11) _____ (empezar) recién *(erst)* el día anterior y que sólo (12) _____ (leer) tres páginas.

Mónica le preguntó a Tomás si le (13) _____ (contar) a Rosa lo que había pasado, y él le contestó que sí. Inmediatamente Mónica quiso saber cómo (14) _____ (reaccionar) Rosa, y Tomás le comentó que (15) _____ (reírse) muchísimo.

Maite le preguntó a Nuria qué le (16) _____ (pasar) a Raimundo que estaba de tan mal humor, y ella le contó que la profesora le (17) _____ (reñir), porque siempre llegaba tarde.

Alfredo le comentó a un amigo suyo que a Pedro le (18) _____ (quitar) el carnet de conducir, pero dio la casualidad *(der Zufall wollte es)* de que él lo conocía a Pedro y sabía que Pedro le había dicho que no (19) _____ (poder) conducir, porque se le habían roto las gafas.

El jefe quería ver a Pablo, pero le dijeron que (20) _____ (irse) hacía una hora y que él y sus amigos (21) _____ (despedirse) diciendo que no (22) _____ (volver) hasta el próximo mes.

Los periodistas preguntaron si ya (23) _____ (saberse) quién (24) _____ (ganar) el Premio Nóbel, y les contestaron que (25) _____ (parecer) que (26) _____ (ser) una mujer, pero que no (27) _____ (estar) seguras /os.

4. *Coloca los verbos en el tiempo que corresponda.*

A   ¿Te acuerdas de la familia numerosa? Si no, vuelve a la pág. 12. ¡Cuidado con los verbos en imperfecto de subjuntivo!

La mamá de Paloma quería rezar *(beten)* antes de empezar a comer, pero su hija Marisa le dijo que (1) _____ (rezar) ella si quería, pero que los (2) _____ (dejar) en paz con esas cosas. El papá intervino para ordenarle que (3) _____ (tratar) a su madre con más respeto, haciéndole notar que quizás ya (4) _____ (olvidarse) del cuarto mandamiento. La mamá estaba completamente de acuerdo y agregó que el problema (5) _____ (ser) la universidad que se la había cambiado completamente.

B   Seguro que no te has olvidado del tipo del salmón. (Mira el ejercicio 3, página 17, si te has olvidado.)

Pablo volvió del mercado contentísimo y le dijo a su mujer que (1) _____ (comprar) un salmón. A ella lo del salmón le pareció una locura, porque sabía que el precio del salmón (2) _____ (estar) altísimo. Pero Pablo pensaba que, por una vez, no (3) _____ (importar) gastar mucho dinero. Además estaba muy orgulloso de haber conseguido pimientos muy baratos y le explicó que por esa razón (4) _____ (comprar) diez kilos. Su mujer no podía creer lo que estaba oyendo, pues no le cabía en la cabeza que (5) _____ (poder) comerse todos esos pimientos. Pablo, desilusionado, le reprochó que nunca (6) _____ (estar) contenta.

C   Vuelve a leer el diálogo 8 en la pág. 23 en caso de que ya no te acuerdes.

Ya era bastante tarde. Juan y Andrés estaban mirando la televisión, cuando alguien llamó a la puerta. Juan se preguntó quién (1) _____ (poder) ser a esas horas y le pidió a Andrés que (2) _____ (mirar) por la ventana.

Andrés vio a un tipo, pero no pudo explicarle cómo (3) _____ (ser), porque estaba demasiado oscuro. Juan quiso saber si la puerta de calle (4) _____ (estar) cerrada y se lo preguntó a Andrés; pero él reconoció *(gestehen)* que no (5) _____ (estar) seguro.

SL 417

5. *¿Sabías que la idea del futuro en el pasado se expresa a través del condicional?*

A   AL TELÉFONO
   – ¡Hola!
   • ¿Ana?
   – Sí.
   • ¿Está tu mamá?
   – No. Acaba de salir.
   • ¿Y sabes cuando volverá?
   – Esta noche no duerme en casa.

Una persona quería hablar con la mamá de Ana. Ana le contó que su mamá acababa de salir y que no (1) _____ a casa esa noche, porque (2) _____ en otro lado.

B   DOS CHICOS ESTABAN LEYENDO EL HORÓSCOPO
   – Mira, tu horóscopo dice que esta semana te encontrarás con una mujer fascinante, tendréis una aventura inolvidable y te sentirás feliz como hace mucho tiempo no te sentías ...
   • ¡Bárbaro! ¿Y el tuyo?
   – Dice que la semana que viene la recordaré como una de las peores de mi vida: mi novia va a enamorarse de un tipo aburridísimo y vivirán una experiencia única.
   • ¿Será una extraña coincidencia *(seltsames Zusammentreffen)*?

Un chico le leyó a otro el horóscopo. Éste decía que uno de ellos, la semana siguiente, (1) _____ con una mujer fascinante, que (2) _____ una aventura inolvidable y que (3) _____ feliz como hacía mucho tiempo no se había sentido. Además dijo que el otro, en cambio, (4) _____ (tener) una semana mala, que la (5) _____ como una de las peores de su vida; agregó que su novia (6) _____ de un tipo aburridísimo y que ellos (7) _____ una experiencia única.

Oraciones condicionales – Konditionalsätze

SL 696, 697

1. Completa los diálogos.

1. – ¡Voy a salir! ¡Hasta luego!
   • ¿Adónde vas?
   – Al centro.
   • Si _____ (pasar) por una frutería, ¿ _____ (traer) un poco de fruta?

2. – Me encantaría que vinieras a vernos, pero si _____ (decidirse), _____ (dar a nosotros) un golpe de teléfono antes, por si *(falls ... etwa)* no estamos en casa.
   • ¡Cómo no! Si _____ (tener) tiempo, _____ (pasar) a veros en mi próximo viaje.

3. – Necesito el diccionario de español.
   • Te lo _____ (prestar), si me _____ (prometer) que me lo devolverás como te lo he prestado.

4. – Esta noche me encantaría salir, pero no tenemos a nadie que se quede con la niña.
   • Si _____ (volver) antes de medianoche, yo _____ (ocuparse) de ella.

5. – Pablo insiste en que no viajemos mañana.
   • Si él lo _____ (decir), por algo _____ (ser) *(dann muß etwas dran sein)*.

6. – Si por las mañanas _____ (volver) a hacer todo este escándalo para levantarte, nunca más te _____ (dejar) mirar la televisión hasta tarde.
   • Si tú me lo _____ (prohibir), se lo _____ (decir) a papá.
   – Si se lo _____ (decir) a tu padre, _____ (perder) el tiempo. Tu padre cree que «al que madruga, Dios lo ayuda».

7. – ¿Dónde estuviste anoche?
   – ¿Qué me _____ (dar), si te lo _____ (decir)?

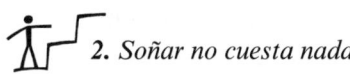

2. *Soñar no cuesta nada.*

> ¡Ojo! Si una persona considera que una acción es irreal o improbable en presente o futuro, la oración principal suele ir en condicional.

Una persona dice:
A mí me encantaría viajar, tener medio año de vacaciones, no levantarme temprano, estar siempre enamorada /o, vivir un tiempo en el fondo del mar o en una isla desierta, tener mucho tiempo para leer, ver una película distinta todos los días, vivir en una casa grande para mí sola /o, tener un chófer que me llevara a todas partes en helicóptero, etc. etc.

Y otra persona le contesta:
A mí también me (1) _____ (encantar) viajar, si (2) _____ (tener) una persona que me acompañara y supiera muchas lenguas. Me (3) _____ (gustar) tener medio año de vacaciones, si (4) _____ (poder) vivir en un país donde no hiciera mucho frío. No me (5) _____ (importar) levantarme temprano, si solamente (6) _____ (tener) que trabajar medio año. Sólo (7) _____ (vivir) en el fondo del mar o en una isla desierta, si (8) _____ (estar) enamorada /o y esa persona (9) _____ (vivir) conmigo allí. Sólo (10) _____ (ver) una película todos los días, si no (11) _____ (ser) de guerra, de crímenes o violencia, y no creo que me gustaría tener una casa para mí sola /o: si (12) _____ (vivir) sola /o, (13) _____ (tener) miedo por las noches. Y eso de que te lleven en helicóptero a todas partes me parece una tontería.

3. *Completa con las formas correctas.*

> Si la condición no es «irreal» sino más bien contingente *(eher zufällig)*, está en imperfecto de subjuntivo, y la principal *(Hauptsatz)* va en presente o imperativo. (Mira el ejercicio 2.)

– Ayer estuve con Paco. Me dijo que hoy vendría por aquí.
• Si **llegara** a pasar, ¿**me llamas**? **(llámame).** Tengo que hablar con él.

1. – Mira, hacer funcionar la computadora es muy fácil, pero si _____ (tú, tener) algún inconveniente, _____ (poder) llamarme a cualquier hora.
   • Gracias.

2.   – Oye, si alguna vez necesito tu ayuda, tú vendrías, ¿no?
- Si tú _____ (necesitar) algo, me _____ (dar) un golpe de teléfono y ya está.

3.   – Mañana tengo que ir al dentista. Si se me _____ (olvidar), tú me lo _____ (recordar), ¿verdad?
- Yo que tú me lo anotaría.

4.   – ¿Estás por salir?
- Sí. ¿Necesitas algo?
  – Si _____ (pasar) por un quiosco, _____ (comprar a mí) *El Mundo* y si no lo tienen, *El País.*

5.   – ¿Está Sandra?
- Creo que ya se fue.
  – Si _____ (llegar) a venir, _____ (decir a ella) que esta noche la esperamos a cenar. Y si tú quieres, también estás invitada.

SL 699

4. Los ejemplos anteriores se refieren al presente o al futuro. Si se refieren al pasado es así:

– ¡Tengo unas ganas de comer ensalada de fruta … !
- Si lo **hubieras pensado** antes, te **haría** una, pero ya es muy tarde.
  Las tiendas están cerradas.

1.   – ¿Qué te pasa?
- Nada. Que alquilé un par de vídeos y me los olvidé en la tienda.
  – Si yo lo _____ (saber) antes, ahora _____ (poder) estar viéndolos porque acabo de venir de allí.

2.   – ¿Es verdad que has ganado el Gordo de Navidad *(Hauptgewinn)*?
- ¿Pero estás loca /o? Si _____ (ganar) el Gordo, ¿tú crees que _____ (estar) aquí?

3.   – ¿Ya lo sabías? Anoche, después de la fiesta, los vieron irse juntos.
- Yo que tú, si los _____ (ver), no _____ (hacer) ningún comentario.
  – ¿Pero por qué?
- Porque en boca cerrada no entran moscas. *(Reden ist Silber …)*

82

4. – Alguien te llamó por teléfono diciendo no sé qué cosa de la escuela.
   • ¿No dijo quién era?
   – Si me lo _____ (decir), _____ (saber) quién es. ¿No te parece?

5. – ¿Pero serás tonto? ¿Cómo has vuelto a perder la billetera *(Brief-tasche)*? Sólo a ti te ocurren esas cosas.
   • Más tonto serás tú. Si te _____ (pasar) a ti, no _____ (pensar) lo mismo.

5. Completa los diálogos con la forma correspondiente.

1. – Esta noche vamos a escuchar jazz. ¿Te apetece venir?
   • Si me lo _____ (decir) antes, _____ (aceptar), pero he quedado con Paloma y no creo que le guste que cambiemos los planes.
   – Bueno, déjalo.

2. – ¿Nos encontramos a las seis, como siempre?
   • Si _____ (poder) venir un poquito antes, te lo _____ (agradeccer).

3. – ¿Todavía estáis trabajando en ese proyecto?
   • Todavía, pero ya falta menos.
   – Si _____ (lograr) terminarlo este año, _____ (ser) estupendo, porque para el año que viene ya no hay dinero.

4. – ¿Has visto qué linda casa se ha comprado Luis?
   • Si yo _____ (tener) dinero, me _____ (comprar) una igual.

5. – Ten cuidado que si se caen, se rompen.
   • ¡Qué exagerada! Si _____ (ser) cosas de valor, lo _____ (entender), pero al fin y al cabo son sólo bagatelas.

6. – ¡Qué tipo más sensible! ¡Se ha vuelto a enojar conmigo!
   • Si _____ (tú, aprender) a callarte a tiempo, no _____ (tener) problemas.

7. – Parece que Tomás ha sacado un premio en la lotería.
   • Hummm ... no creo. Si _____ (sacar) un premio, _____ (dejar) de trabajar.

8. – ¿Qué te pasa?
   - Me fue mal en el examen.
   - ¡Siempre lo mismo! Si _____ (estudiar) más, no te _____ (pasar) esas cosas.
   - ¡Pero si estudié!

9. – ¡Otra vez llegas tarde!
   - No sabía que me estabais esperando. Si lo _____ (saber), _____ (salir) antes.

SL 717, 721

6. Reemplaza lo que está en negrita por *si* + *el verbo* en el tiempo adecuado.

1. – ¿Has visto qué bien habla español?
   - **Viviendo** en España, no es nada del otro mundo, ¿no?

2. – ¿Cómo vamos, en tren o en coche?
   - **Yendo** en tren, habría que salir por la mañana temprano.

3. – ¡Otra vez se agotaron las entradas!
   - Te dije que reservaras con tiempo. **Comprando** antes, nos habríamos ahorrado estos problemas.

4. – Mónica tiene muchos problemas económicos.
   - **De saber** que necesitaba dinero, le habría prestado.

5. – ¡Qué raro! Mira la hora que es, y todavía no ha llegado. ¿Le habrá pasado algo?
   - **De haberle pasado** algo, ya lo habríamos sabido.

6. – ¡Mira qué cámara más linda! **De tener** dinero, me la compraba.
   - A mí también me gustaría tener una así.

7. – ¡Este chico me vuelve loca! ¡Otra vez ha encerrado al gato en el horno!
   - Esto se arregla **hablando** seriamente con los padres.

8. – ¡Si vuelves a traer malas notas, te juro que te mato!
   - ¿Por qué no dejas a esa niña en paz? **Gritándole** así, no ganarás nada.

9. – Pablo está ofendido *(sich beleidigt fühlen)*.
   - No es verdad.
   - **Llámalo** y verás.

10. – Creo que te has equivocado.
    - **Piénsatelo** y me darás la razón.

7. *Reemplaza las palabras en negrita por* **si + el verbo** *en el tiempo que corresponda.*

1. – Te presto el coche **a condición de que** me lo devuelvas sano y salvo.
   • Si te pones así, mejor que no me lo prestes.

2. – Puedes faltar a clase **siempre y cuando** le pidas los deberes a una compañerita.
   • ¡Hurraaaaa!

3. – Puedes ir al cine **siempre que** vayas con alguna amiguita.
   • ¿Puede ser un amiguito?
   – Claro.

4. – Te prometo que iré, **a no ser que** pase algo imprevisible.
   • Espero que sea verdad.
   – ¿Alguna vez te he mentido?
   • No sería la primera vez.

5. – Voy a salir. **En caso de que** llueva, no te olvides de cerrar las ventanas.
   • De acuerdo. Trataré de no olvidarme.

6. – No vuelvas a llamarla /o **salvo que** *(außer daß)* sea de mucha urgencia.
   • ¿Y eso?
   – Creo que está mal y no tiene ganas de hablar con nadie.

7. – ¿Piensas quedarte a vivir en Berlín?
   • Sí, **a no ser que** encuentre un trabajo mejor en otro lugar.

SL 673; 681; 696 ff.

8. *¡No te confundas! Completa utilizando* **cuando** *o* **si**.

1. – Ven _____ quieras.
   • _____ voy por la mañana, ¿estás?
   – _____ es antes de las diez, sí.

2. – Mañana voy a ver a mis padres. Siempre se alegran _____ vamos con los chicos.
   • En cambio los míos detestan a los niños. _____ vayas, mejor los dejas en casa.

3. – ¿Se necesita visa para ir al Ecuador?
   • _____ eres alemán, no.

4. – Esta noche hacemos una fiesta, ¿quieres venir?
   • _____ no vuelvo muy tarde del trabajo, sí.

5. – _____ veas a Pablo, ¿le dices que me llame?
   • Bueno. _____ lo veo, se lo digo.

6. – ¿Y tú crees que nos hará este favor?
   • A mí me dijo que _____ era posible, nos lo haría.

7. – _____ vas a España, ¿me haces un favor?
   • _____ puedo ...
   – Cómprame estos libros. No he podido conseguirlos aquí.
     ¿Te doy el dinero?
   • Me lo das _____ vuelva, ahora no lo necesito.

8. – Acabo de encontrarme con Jorge. Me dijo que _____
     tenías tiempo que lo llamaras.
   • ¿Y ahora qué quiere?
   – No sé. Sólo me dijo eso.

9. – _____ le escribas a Javier, dale saludos de mi parte.
   • _____ le escribo, se los daré.

Construcciones con infinitivo, gerundio o participio – Infinitiv-, Gerundial- oder Partizipialkonstruktionen

SL 710–712, 714, 716–718

1. Reemplaza las palabras en negrita por una construcción con infinitivo.

1. – ¿A que no sabes *(wetten, daß du nicht weißt)* con quién me fui a
     encontrar **cuando salía** del trabajo? *al salir*
   • No.
   – ¡Con Iñaki!
   • Y ése, ¿quién es?
   – El chico vasco que estudiaba alemán con nosotras, ¿no te acuerdas?
   • ¿Pero no había vuelto a España **cuando terminó** de estudiar?
   – Claro, ahora está aquí paseando. *después de terminar*

2. – ¿Tienes que quedarte trabajando?
   • Prefiero trabajar hoy, **así no tengo que** trabajar mañana.
     para no tener que trabajar

3.   – ¿De quién es este paraguas?
   - De Marta. **Cuando se fue**, se le olvidó aquí.

Al irse

4.   – Tengo la impresión de que me estoy olvidando de algo.
   - Seguro que **cuando llegues** a casa, te acordarás.

al llegar

5.   – ¿Vienes a tomar una cerveza?
   - **Cuando termine** lo que estoy haciendo. Antes no me muevo de aquí.

Después de terminar

6.   – **Como no sabía** dónde vivía, no pude mandarle el paquete. *Por no saber*
   - ¿Por qué no la buscaste en la guía?
   - Es que no tenía ninguna a mano.

hay muchas

7.   – Hemos trabajado muchísimo, sin embargo, todavía **tenemos que hacer muchas cosas.** *cosas por hacer*
   - Es que no se gana nada **aunque trabajes** mucho, si el trabajo no está bien planificado. **Si trabajas** bien un par de horas, alcanza y sobra.

con trabajar

8.   – Yo, **si lo hubiera** sabido antes, habría ido.
   - Mira, yo fui, y la verdad *(eigentlich)* que no valió la pena.

9.   – Fíjate la ironía del destino. **Como Martín ayudó** a un tipo que encontró en la calle, terminó en la cárcel.
   - A ver. Explícate mejor.
   - **Cuando cruzó** el semáforo, vio a un tipo tirado en la esquina. Paró el coche, se bajó y **después comprobó** que estaba herido; trató de levantarlo. El tipo se defendió a puntapiés *(mit Fußtritten)*, **porque no pensó** que querían ayudarlo. Alguien llamó a la policía que **cuando llegó**, lo primero que hizo fue pedirle documentos a mi amigo. **Como no los tenía**, lo metieron en el coche y se lo llevaron a la comisaría. Tuvo que pasar la noche allí.

SL 710; 719–722, 724; 729, 731, 732

2. *Completa utilizando un infinitivo, un gerundio o un participio.*

1.   – ¿Por qué llegas tan tarde?
   - _____ (salir) de la oficina, me encontré con Antonia y nos fuimos a cenar.

2.   En un teatro
   - Lo siento mucho, pero no puede pasar. Una vez _____ (comenzar) la función, no se permite la entrada.
   - ¡Pero si son sólo cinco minutos!
   - Lo siento. Está prohibido.

3. – ¡Me han robado la billetera *(Brieftasche)*!
   • ¿Otra vez?
   – Sí. _____ (bajar) del autobús, un tipo me empujó. Yo creí
     que había sido sin querer, pero _____ (llegar) a casa, me
     di cuenta de que no la llevaba.
   • ¿Y estás segura /o de que no la dejaste en la oficina?
   – Segurísima /o. _____ (hacer) memoria *(nachdenken)*, llegué a
     la conclusión de que cuando salí, la llevaba encima, porque _____
     (llegar) a la esquina, compré el periódico.
   • Bueno, _____ (ser) así, habrá que hacer la denuncia.

4. – ¿Quién es ese tipo? Su cara me suena *(bekannt vorkommen)* ...
   • No estoy segura /o, pero _____ (pensar) bien, yo también
     creo haberlo visto antes.

5. – ¿Cómo está Nicolás?
   • Mucho mejor. _____ (pasar) el susto *(Schrecken)*, volvió
     a la escuela sin ningún problema.
   – ¿Y cómo se produjo el accidente?
   • Parece que cruzó la calle _____ (correr) y no vio que venía
     una moto.

6. – ¡Qué gorda /o estoy!
   • _____ (comer) como comes, no me extraña.

7. – ¡Qué vergüenza! ¡No me digas que la / lo han dejado en libertad!
   • ¿No conoces el dicho *(Redensart)* «_____ (hacer) la ley,
     _____ (hacer) la trampa» *(für jedes Gesetz eine Hintertür
     finden)?*

8. – ¿Qué le pasa a Juan?
   • ¿Por qué?
   – Lo vi _____ (llegar) _____ (sonreír), y acaba
     de irse _____ (dar) un portazo *(fig. wütend weggehen)*.
   • Estuvo discutiendo con Victoria. ¿No los has oído _____
     (gritar)?
   – Escuché voces que salían de la habitación, pero nunca pensé que
     fueran ellos.

SL 719 ff.

3. *Decide en qué casos se pueden reemplazar las construcciones en negrita por un gerundio.*

1. – **Si sabes** idiomas, el mundo será tuyo.
   • Eso era antes. Ahora hay que saber muchas cosas más.

2. – **Mientras charlaba** con Sonsoles, me di cuenta de que sabía un montón de cosas ...
   • Es verdad.

3. – **Cuando estalló** la Guerra Civil, ¿tus padres vivían en España?
   • Mis padres no, mis abuelos.

4. – ¿Qué vas a hacer esta tarde?
   • Creo que **cuando termine** la clase, me voy a dormir una buena siesta, después ya veremos.

5. – ¿Te gustaría dedicarte a la política?
   • La política está muy desprestigiada *(verrufen)*. La gente está convencida de que hacer política es ganarse la vida **a través de mentiras**.

6. Yo no sé qué le pasa, pero siempre está nervioso y agresivo.
   • Si vivieras como vive él, en una habitación **que mide** cuarenta metros cuadrados y que la comparte además con otras dos personas, ya me dirás cómo estarías ...

7. – ¿Te parece que llegamos a tiempo?
   • A esta hora, ni **aunque tomemos** un taxi llegamos.

SL 701 ff., 719 ff., 729 ff.

4. *Traduce el texto siguiente. Se trata de que practiques otra vez las construcciones con infinitivo, gerundio o participio.*

Antes de tirar la toalla a sus 37 años, Fernando González, *encontrándose* en situación de desempleo, pensó que su caso no era el único y se unió con otras tres personas en su misma situación para plantar cara al problema.
De esa unión nació ODGEM (Organización para el Desarrollo y Gestión Empresarial de Madrid), *dedicada* a impulsar proyectos empresariales del sector servicios en la Comunidad de Madrid. El capital inicial para poner en marcha tal proyecto fue de 700.000 pesetas, *aportadas* por sus creadores.
Con sólo medio año *funcionando*, su actividad se ha visto desbordada ...

EL PAÍS, domingo 13 de marzo de 1994

Verbos modales – Modalverben

SL 476, 482

1. *Elige* **deber de** *o* **tener que** *según el contexto.*

> Cuando se usa **deber de**, se expresa más bien una suposición
> *(Vermutung)* o algo que resulta improbable *(unwahrscheinlich)*.
> Con **tener que** la seguridad es mayor.

1. – ¿Qué hora será?
   • No sé, pero _____ ser tardísimo, porque ya no hay metro.

2. – ¿Qué buscas?
   • Las llaves. No las encuentro por ningún lado. _____ haberlas
   dejado en la oficina, si no, no se entiende cómo pude haber entrado.

3. – ¡Ya son las diez! _____ darte prisa, si no *(sonst)*
   perderás el avión.
   • No pueden ser las diez. A lo sumo son las nueve y media.

4. – ¡Qué raro que no haya llegado todavía!
   • _____ haber pasado algo, de lo contrario estaría aquí desde
   hace rato.

5. – Miguel Ángel no vino.
   • _____ estar enfermo.
   – No puede estar enfermo, porque acabo de ver a su mujer y no me
   comentó nada.

6. – ¿Ana María está?
   • No, pero _____ llegar de un momento a otro, porque la
   reunión empieza ya, y ella sabe que es muy importante.

7. – ¿Has visto qué yate *(Yacht)* se ha comprado?
   • _____ costar una fortuna mantenerlo *(unterhalten)*.
   – No tengo la menor idea.

8. – Si quieres aprobar el examen, _____ estudiar.
   • _____ ser la enésima *(x-te)* vez que me dices eso.
   ¿No te cansas de repetir siempre lo mismo?

2. *¿Imperfecto o pasado simple? Tacha lo que no corresponda.*

1. – Durante días no dio señales de vida.
   • Y entonces, ¿qué hiciste?
   – Nada. *Tuve que* / *Tenía que* llamar a la policía.

2. – ¡Qué día fatal!
   • ¿Qué te pasó?
   – De todo. Con decirte que tuve que / tenía que estar en la oficina a las nueve y llegué después del mediodía ...

3. – Alguien se ha llevado los documentos.
   • Tuvo que / Tenía que ser Manuel. Fue el último en salir.

4. – ¿Raquel no tuvo / tenía que venir?
   • La invitaron, pero no quiso.

5. – ¿Qué tal la fiesta?
   • Diez puntos *(Bestens)*. Vino tanta gente, que en un momento hasta tuvimos que / teníamos que salir a comprar más vino ...

6. – ¿Dónde se ha metido Paco?
   • No vino.
   – ¿Cómo que no vino?
   • No. Tuvo que / Tenía que trabajar.

7. – ¿Cómo pasaron el fin de semana?
   • Fatal. El sábado empezó a llover y tuvieron que / tenían que volver.

3. *¿Cómo se dice en español?*

1. Ich *will* weg.
2. Der Hund *darf* raus.
3. Du *kannst (darfst)* noch nicht nach Hause.
4. Und was *soll* ich damit?
5. Was *darf* es sein (Was wünschen Sie)?
6. *Darf* ich mit?
7. *Möchtest* du auch hin?
8. Ja natürlich *will* ich hin.
9. Das *darf* man nicht.
10. Das *darf* doch wohl nicht wahr sein!

SL 490–496; 608

4. *¿Y esto? ¿Cómo se traduce?*

1. Sie ist immer noch krank. Sie *soll* nicht aufstehen.
2. *Soll* ich ihm / ihr etwas ausrichten *(dar un recado)*?
3. Das Grundstück *soll* 100.000 Mark kosten.
4. Wenn es morgen schneien *(nevar) sollte* ...
5. Du hättest ihn sehen *sollen* ...
6. Sie *sollte* doch wissen, was sie zu tun hat.
7. Bei dem Unfall *soll* es fünfzehn Tote gegeben haben.
8. Es *soll* morgen warm sein.
9. Sie *soll (müßte)* schon gestern gekommen sein.
10. *Soll* ich draußen warten?
11. Sie *sollen* hereinkommen.
12. Der Film *soll* sehr gut sein.
13. Was *soll* ich dazu noch sagen?
14. Sie sagte, du *sollst* kommen.
15. Sie sagte, du *solltest* kommen.

SL 484, 500

5. *Reemplaza las expresiones de necesidad (o ausencia de necesidad) por* **(no) hay que.**

1. – Si quieres aprender alemán **es necesario que practiques** mucho.
   • De acuerdo. ¿Cuándo empezamos?

2. – Esta botella no se abre.
   • **No hace falta que hagas** tanta fuerza. Con este sacacorchos es facilísimo.

3. – ¿Qué hay que hacer para conseguir los formularios?
   • Nada del otro mundo. **Basta con mandar** un sobre y un sello de un marco.

4. – ¡Qué fácil es trabajar con una computadora!
   • Es verdad. Sólo **es preciso apretar** un par de botones y ya está.
   – Bueno ... Tampoco es así de fácil.

5. – ¡Cuidado! No **tienes que** tocar eso. ¡Es peligrosísimo!
   • ¡Yo qué sabía!

6. *¿Sabes cómo se usan estas palabras? Completa los diálogos.*

querer	apetecer *(Esp. Lust haben zu)*
quisiera / querría	encantar
gustar	hacer ilusión *(Esp. sich freuen auf / über))*
gustaría	tener ganas de
preferir	

1. – _____ de salir a comer.
   - ¿Por qué no vamos mañana, que hoy estoy muy cansada / o?
   - De acuerdo, mañana entonces.

2. – ¿Te sirvo algo más, un cognac, un brandy?
   - No, gracias, no me _____ .

3. – ¿Cuál te _____ más?
   - La verdad *(eigentlich)* ninguna.

4. – Toma. Esto es para ti.
   - ¿ ... ?
   - ¡Vamos! ¡Ábrelo! ... ¿Te gusta?
   - ¡Me _____ !

5. – ¿Le has dado el regalo a Pilar?
   - Sí.
   - ¿Y? ¿Le _____ ?
   - Muchísimo.

6. – ¿Qué vas a hacer para Semana Santa?
   - _____ hacer un curso de computación.
   - ¿E Isabel?
   - _____ quedarse en casa, porque esas cosas no le _____ .

7. – ¿Qué hacéis esta noche?
   - Me _____ ir al circo, pero Pedro dice que son cosas de niños.
   - ¡Qué va! ... Si te _____ , yo te acompaño. En el fondo me _____ mucho ir. Hace tanto que no voy ...

8. – ¿ _____ de dar una vuelta? ¡Hace tanto calor!
   - A mí me _____ quedarme aquí contigo.

9. – ¿Qué deseaba *(Was darf es sein)*?
    • _____ una radio portátil.
    – ¿Algo así?
    • No tan complicada. Más pequeña. _____ ponerla en la cocina.

10. – ¿Qué hay para comer?
    • Sopa o pescado.
    – La sopa no me _____ , _____ el pescado.

SL 497, 499; 508

7. *Mira los siguientes ejemplos y combínalos con la intención comunicativa.*

1	– ¿Aquí **se puede** fumar? • Fuma, fuma	A	deseo; esperanza *(Wunsch, Hoffnung)*
2	– Estoy contentísima. Pablo me prometió que dejaría de fumar. • **Puede ser,** pero yo esperaría antes de hacerme ilusiones.	B	negarse a creer algo *(sich weigern zu glauben)*
3	– ¡**No puede ser**! • ¿Qué te pasa! – ¡Me han robado el coche!	C	prohibición *(Verbot)*
4	– Mañana salgo para México. • ¡Quién **pudiera** ir contigo!	CH	necesidad *(Notwendigkeit)*
5	– Sr. Colombres, **¿puede venir un momento?** • Sí, señor, cómo no.	D	pedir permiso *(um Erlaubnis bitten)*
6	– ¿Me dejas ver el informe? • Imposible. **No se puede.**	E	probabilidad *(Wahrscheinlichkeit)*
7	– **¿Podrías** prestarme el libro? • ¿Cuándo me lo devuelves?	F	posibilidad *(Möglichkeit)*
8	– ¿No es ésta la foto que estabas buscando? • Déjame ver ... **Podría ser.**	G	Orden *(Aufforderung)*
9	– **¿Puede** esperar un momento? • No. **Tiene que ser** ahora.	H	pedir un favor *(um einen Gefallen bitten)*

1	2	3	4	5	6	7	8	9

Actos del habla e intenciones comunicativas
Sprechakte und Redeabsichten

Cortesía – Höflichkeit

SL 431

1. En castellano se puede ser cortés de muchas maneras.
¿Y en alemán? Traduce.

1. – ¿Me **dejarías** el periódico un momento? Es que estoy buscando piso y
   como no tenía cambio *(Kleingeld)* no pude ...
   • Hombre, sí, llévatelo y después me lo traes.

2. – ¿Te **importaría** cerrar la ventana? He estado todo el fin de semana con
   fiebre y ahora ...
   • Por supuesto que no.

3. – ¿Qué **deseaba**?
   • **Querría** ver ese abrigo ...
   – ¡Cómo no!

4. – Me he quedado sin cambio. ¿Tú **no tendrás** una tarjeta telefónica, no?
   • No, pero llevo suelto *(Kleingeld)*.

Orden – Aufforderung, Befehl

SL 505; 611–619

2. La forma menos frecuente de dar órdenes en español es una de las siguientes.
¿Cuál es? ¿Y cuáles son las otras formas para expresar una orden?

1. – **¡Come y calla!**
   • ¿Pero dónde estamos? ¿En un cuartel *(Kaserne)*?

2. – ¿Pero adónde te crees que vas pintada así?
   • A la discoteca. ¿Adónde voy a ir?
   – Ya **te estás quitando** toda esa pintura, ¿me oyes?

3. – **¡Vámonos**, que se está haciendo tarde!
   • ¡Ufa! Justo ahora que empezaba a divertirme ...

4. – **¡A trabajar** se ha dicho!
   • Yo me pregunto si no conocerá la palabra «antiautoritario».

5. – ¡A comer!
   • Espera un poquito que ya está terminando la película.

6. – En esta casa **se hace lo que yo digo**.
   • Otro más que se cree Napoleón.

7. – **No mentirás** dice el noveno mandamiento.
   • Los políticos no deben de ser muy religiosos, ¿no?

8. – ¡Uy, está empezando a llover!
   • **Vete sacando** la ropa, que yo entro *(hereinbringen)* los juguetes.

9. – **¡Silencio de una vez!**
   • ¿Qué ha dicho?
   – **Que nos callemos.**

Concesión – Zugeständnis

3. *En los siguientes diálogos aparece una idea de concesión. ¿Cómo se dice en alemán?*

1. – Antonio tiene que dejar de estudiar este semestre porque el dinero no le alcanza para vivir. Mañana empieza a trabajar en Correos.
   • **Y eso que** sus padres lo ayudan bastante.

2. – ¿Tú crees que Pablo está bien de la cabeza *(im Kopf ganz richtig sein)*?
   • Mira lo tonto que **será,** que se ha matriculado y ya ha conseguido una beca y una habitación baratísima.

3. – ¡Qué rabia *(Wut)*! Se me ha pasado el plazo *(Frist)* para inscribirme en el curso.
   • Hombre, insiste *(bestehen auf)* y verás ...
   – Ni **aún insistiendo**. Son muy estrictos.

4. – Tobías está muerto de miedo porque mañana tiene un examen de matemáticas.
   • **Con morirse** de miedo, no arreglamos nada. Más le valdría estudiar.

5. – **Por más que** llores, no podrás convencerme.
   • Tú no tienes corazón.

6. – ¡Qué cambiada estaba!
   • **Estaría** cambiada físicamente, pero por dentro era la María de siempre.

Conjetura – Vermutung

> Cuando una persona quiere expresar una conjetura, puede hacerlo utilizando la construcción **ha(n) de + infinitivo**; el **futuro** o el **condicional**, según se esté hablando del presente o del pasado; también el **gerundio** y algunos **verbos modales** (*deber de*, por ejemplo).

SL 423, 427, 432, 482, 483

4. *Completa los diálogos con la forma que sea más adecuada al contexto y traduce.*

1. – ¿ _____ (ser) niña, _____ (ser) varón?
   • Me da lo mismo lo que sea.

2. – ¿Quién hizo tanto ruido anoche al llegar?
   • _____ (ser) Paco que volvió de su viaje lleno de paquetes.

3. – ¿Qué hora _____ (ser)?
   • No sé. ¡Fíjate! *(sieh nach)*, en la cocina hay un reloj.

4. – ¿Por casualidad, has visto un diccionario por aquí?
   – Si es un diccionario, _____ (estar) en ese estante.

5. – ¡En esta casa hay un desorden increíble! ¿Dónde _____ (estar) los zapatos que me compré la semana pasada?
   • En tu habitación. ¡Dónde van a estar!

6. – ¿Cuál es la novia de Andrés?
   • No lo sé, pero _____ esa chica morena que está charlando con él. Se miran con unos ojos ...

7. – ¿Sabes dónde se metió el gato?
   • Ése _____ (dormir) en la canasta de la ropa.

8. – ¿ _____ (llamar)? ¿No _____ (llamar)? ¿Tú qué dices?
   • Que nunca te he visto así. ¿No _____ (enamorarse)?

9. – ¿Qué le _____ (pasar) a Manuel que se fue a la cama sin cenar?
   • _____ (sentirse) mal, o _____ (tener) un mal día.

10. – Dicen que estos terrenos cuestan más de 100.000 marcos.
    • ¿ _____ verdad?
    – Yo no sé, pero mentira no _____ (ser), porque la información me la dio un vecino de la zona.

5. *La perífrasis* **ir + infinitivo** *sirve para expresar diversas intenciones comunicativas. Combina los números y las letras.*

	Ejemplo		Intención
1	¡Abrígate bien! No **vayas a** enfermarte justo ahora que salimos de viaje.	A	rechazar algo que se siente como obvio *(etwas zurückweisen, was als auf der Hand liegend empfunden wird)*
2	– No encuentro mis llaves. • ¿No **irás a** pensar que las tengo yo?	B	hacer planes
3	– **Si vas a** llorar, mejor te quedas en casa. • ¿Qué hacer, si soy un sentimental?	C	inmediatez *(Unmittelbarkeit)*
4	– ¿Te acuerdas de Raquel? – ¡Cómo **no voy a** acordarme!	CH	intención *(Absicht)*
5	– ¡**Te vas a caer!** • No, si ando con mucho cuidado.	D	advertencia *(Warnung)*
6	– Este verano **voy a aprender** paracaidismo *(Fallschirmspringen)*. • ¿Y eso?	E	temor *(Befürchtung)*
7	– ¿Y? ¿Aparecieron las llaves? • Justo cuando **iba a** llamar al servicio de urgencia. – ¡Menos mal *(ein Glück)*!	F	conjetura / suposición *(Vermutung / Annahme)*

1	2	3	4	5	6	7

El pronombre – Das Pronomen

El pronombre personal – Das Personalpronomen

El uso del pronombre sujeto

SL 110 – 112

1. *¿Qué se dice en una situación así?*
Marca la respuesta que consideres correcta.

1. – ¿La Sra. Picornell, por favor?
    a) • Yo soy ésa.
    b) • Ésa es.
    c) • Es esa señora.

2. – ¿María Victoria Lagos?
    a) • Soy yo.
    b) • Yo soy.
    c) • Yo.

3. – ¿Y vosotras? ¿Para qué aprendéis español?
    a) • Para ir al Caribe y para trabajar.
    b) • Yo, para ir al Caribe y ella para trabajar.

4. – ¡Hola! ¿Quién habla?
    a) • Manolo, y tú, ¿quién eres?
    b) • Habla Manolo, ¿de parte de quién?

5. a) – Vosotros sois los señores Luengo, ¿verdad?
   b) – Los Luengo, ¿verdad?
   c) – ¿Ustedes son los señores Luengo, ¿verdad?

6. – Señor Ministro, …
    a) • Yo no tengo nada que agregar, ¿y usted?
    b) • No tengo nada que agregar, ¿y usted?
    c) • No tengo nada que agregar, ¿y tú?

2. *¿Cómo se identifican las siguientes personas? Subraya lo que consideres correcto.*

1. – ¿La señora Navas Méndez?
   • Aquí. / Soy yo. / Yo soy.

2. Al teléfono
   – ¿Dígame?
   • ¿Está Mercedes?
   – No. ¿De parte de quién?
   • Soy Trini. / Yo soy Trini. / Trini.
   – Sí, un momento, por favor.

3. En una oficina
   – La Sra. Guzmán, por favor.
   • Ésa es. / Ella es. / Es ella.

3. *Coloca los pronombres que faltan cuando sea necesario.*

En una encuesta callejera varias personas dan su opinión:
– ¿Qué piensa Ud. de las nuevas medidas económicas?
• (1) _____ las encuentro bastante malas.
• (2) _____ no estoy para nada de acuerdo.
• (3) _____ no tengo nada que decir.
• (4) Como _____ mismo sabe, siempre pagamos _____ ,
  los de abajo. ¿Tengo razón o no?
• (5) Y _____ ¿qué piensa?

Pronombres en América Latina y España

SL 113, 114

4. *Tú sabes que hay diferencias en el uso de los pronombres en América Latina y España y que esto tiene consecuencias también sobre la conjugación de los verbos. Escribe la letra o las letras que consideres correcta(s).*

1. Estás en Venezuela e invitas a cenar a unos amigos tuyos. ¿Qué dices?
   a) Esta noche os espero a cenar.
   b) ¿Venís a cenar esta noche?
   c) ¿Vienen a cenar esta noche?
   d) Vengan a cenar, los espero a las nueve.

2. Un /a empresario /a español /a, en una reunión de negocios, se dirige a las personas que participan diciendo:
   a) Me alegro enormemente de estar con vosotros.
   b) Me alegro enormemente de estar con ustedes.

3. Una profesora universitaria latinoamericana está dando clase. ¿Qué forma utiliza?
   a) Como ustedes ya saben ...
   b) Como vosotros ya sabéis ...

4. Las personas que se despiden son buenos amigos. ¿Dónde están?
   a) Ya saben que aquí está su casa.
   b) Ya sabéis que aquí está vuestra casa.

5. En un avión de Iberia
   a) Señores pasajeros, tengan la bondad de ajustarse los cinturones de seguridad.
   b) Señores pasajeros, tened la bondad de ajustaros los cinturones de seguridad.

6. Una mamá española hablando con sus hijas
   a) ¡Niñas! ¡Levantarse, que se hace tarde!
   b) ¡Niñas! ¡Levanta(r)os*, que se hace tarde!
   c) ¡Chicas! ¡A levantarse, que se hace tarde!
   d) ¡Chicas! ¡Levántense, que se hace tarde!

* Bei reflexiven Verben wird im Befehlssatz der 2. Person Plural das Reflexivpronomen in der Umgangssprache an den Infinitiv angefügt.

5. Estos diálogos están en castellano peninsular. «Tradúcelos» al español de América Latina haciendo los cambios que sean necesarios.

1. – ¡Pero si seréis tontos! ¡Habéis vuelto a dejar las llaves en el coche!
   • A nosotros no nos habléis en ese tono, ¿vale? Esas cosas pueden pasarle a cualquiera.
   – A cualquiera no, sólo a vosotros.

2. – A vosotras os conozco de algo.
   • A mí también me suena (bekannt vorkommen) tu cara, pero no sé de dónde.
   – ¿No sois amigas de Pepa?
   • Pues sí ...
   – Entonces os he visto en su casa.

3. – Oye, Pilar, ¿nos puedes hacer un favor?
   • Dime.
   – Es que queríamos salir esta noche y hemos buscado como locos, pero no hemos conseguido ninguna (!) canguro *(Babysitter)*.
   ¿No podrías ... ?
   • Vale, vale. ¿A qué hora queréis que vaya? Ya sabéis que para vosotros siempre tengo tiempo.

4. – ¿Se puede?
   • Adelante, adelante.
   – Venimos por el aviso *(Annonce)*.
   • Ah ... ¿Vosotros sois los chicos que vinieron ayer?
   – Yo sí, pero él es la primera vez que viene.

5. – ¡No quiere veros más por aquí! ¿Habéis oído?
   • ¿Y ahora qué le pasa?
   – Que os habéis olvidado de su cumpleaños y se ha enfadado.
   • ¡No me digas! ¿Se ofende *(sich beleidigt fühlen)* por esas cosas? Pues tendrá más trabajo, enfadarse *y* «desenfadarse».

Los pronombres así llamados «redundantes»
Vorwegnahme bzw. Wiederaufnahme der Objektpronomen

SL 260

6. *La familia quiere organizar un pic-nic. Cada persona hace una propuesta:*

– El pan (1) _____ compro yo.
– El agua mineral (2) _____ traemos nosotras.
– Las tortillas (3) _____ prepara mi madre porque (4) _____ hace muy bien.
– La ensalada (5) _____ hace Pedro.
– El vino (6)_____ podéis traer vosotras, ¿no?

Como son personas un poquito caóticas, después de media hora todo el mundo cambia de opinión:

– Yo no puedo traer el pan, ¿por qué no (7) _____ dices a Paco que (8) _____ traiga él?
– A mí no (9) _____ gusta el agua mineral. ¿No (10) _____ podrías pedir a las chicas que compren otra cosa?

– ¡Yo estoy harta de hacer tortillas! dice la madre. ¿Por qué no (11) _____
preguntáis a papá si no (12) _____ hace él, para variar?

– ¿Y se puede saber por qué siempre (13) _____ pedís a mí que haga
la ensalada? ¡Yo también sé hacer otras cosas!

– No (14) _____ pidáis a nosotras el vino, que estamos sin coche.
Mejor compramos el pan.

Complemento pronominal directo – direktes Pronominalobjekt

SL 110

6.a Y el día del pic-nic ...

– ¿Dónde están las botellas de agua mineral?

• ¿No (15) _____ ibas a traer tú?

– No, no, no. Yo traía el vino.

¿Quién tiene los cubiertos?

• (16) _____ tengo yo. ¿No puedes esperar un momento? Primero
hay que poner un mantel.

– Hablando de manteles: acabo de sacar uno del coche.
¿Alguien (17) _____ ha visto?

• Ahí está.

– Yo aquí no me quedo. ¡Hay hormigas!

• ¿Hormigas?

– ¿Pero no (18) _____ ves?

• ¡Caramba! Es verdad.

– ¡Mamá! La tortilla no me gusta.

• ¡Cómo que no te gusta! ¡En casa siempre (19) _____ comes!

– Quizás no tiene suficiente sal.

• Es que (20) _____ hemos dejado en casa.

– ¿Dónde está la abuela? Hace un momento estaba aquí.

• Está detrás del árbol. No (21) _____ molestes justo ahora.

– Creo que nos hemos olvidado de la fruta.

• La fruta se (22) _____ ha comido Isabel. Está haciendo dieta y
no puede comer otra cosa.

– ¿Por qué no pones un poco de música?

• La radio del coche me (23) _____ han robado y no tengo dinero para comprar otra.

– ¿Cómo que no tienes dinero?

• No. Todo lo que gano (24) _____ necesito para vivir.

Pronombres con gerundio

SL 123, 124

6.b Y cuando se acaba el pic-nic y vuelven a casa:

– ¿Dónde has puesto los cubiertos?

• Estoy (25) _____ (lavar); en seguida termino.

– ¿Has visto el mantel?

• Mamá también está (26) _____ (buscar); creo que se nos ha quedado en el coche.

– Las tazas hay que ponerlas en el comedor.

• Espera un momento. ¿No ves que papá está (27) _____ (secar)?

Orden del complemento pronominal – Stellung des Ojektpronomens

SL 120, 121, 126

7. Completa los diálogos y fíjate en la posición del pronombre.

1. – El lunes es el cumpleaños de Claudia. ¿ _____ hacemos una fiesta?

    • Claro, y también podemos comprar_____ un regalo.

    – ¿ _____ compramos ahora?

    • De acuerdo. ¿ _____ acompañas?

2. – Acabo de ver una chaqueta muy barata.

    • ¿Y _____ has comprado?

    – Es que no llevaba suficiente dinero.

    • Yo _____ puedo prestar 300 marcos si quieres.

3. – ¿Qué _____ pasa?
   • _____ duele la cabeza.
   – ¿Quieres una aspirina?
   • Gracias, acabo de tomar_____ una.

4. – Perdón, ¿ _____ puedo hacer una pregunta?
   • Dime, dime ...
   – ¿A vosotras _____ gusta vuestro trabajo?
   • La verdad *(eigentlich)*, no _____ gusta para nada.

5. – A los españoles ¿qué _____ gusta más? ¿El fútbol o los toros?
   • No _____ sé. Pregunta _____ a Carmen, que es de Salamanca.

6. – ¿Cómo es la televisión en Alemania?
   • Yo _____ encuentro bastante aburrida, pero a Ana _____ parece interesante porque _____ sirve para practicar alemán.

7. – ¿ _____ prestas el coche? Paco y yo queremos ir a Hamburgo.
   • Por mí no hay problemas, pero tienes que preguntar _____ a mi mujer porque ella _____ utiliza más que yo.

8. – ¿ _____ molesta a Ud. si fumo?
   • A mí no _____ importa, pero es mejor que _____ pregunte a las otras personas.

9. – ¿De qué signo sois?
   • A nosotras no _____ interesa el horóscopo. Una vez _____ leyeron y no decía sino tonterías.

10. En el contestador automático de los González
    ¡Hola!, soy Mercedes. Estoy en Barcelona. Tengo muchas ganas de ver_____ . Estoy en el hotel «Gaudí». _____ llamo más tarde y si tenéis ganas, _____ vemos para comer juntos; _____ gustaría mucho llevar a una amiga mía, Trini. No _____ conocéis, pero estoy segura que _____ va a gustar. Es muy simpática. Hasta luego.

Pronombres y preposiciones

SL 131–133

8. Completa utilizando a mí / a ti / a nosotras / os, etc. y también / tampoco.

1. – ¿Le molesta si abro la ventana?
   • A mí no.
   – ¿Y a usted?
   * _____ .

2. – ¿Os interesa colaborar en nuestro proyecto?
   • A _____ sí.
   – ¿Y a vuestras vecinas?
   • _____ .

3. – ¿Te gustan las películas de terror?
   • La verdad *(eigentlich)* que no.
   – Pues _____ encantan.

4. – ¿Qué te gustaría más? ¿Salir a comer o quedarnos en casa?
   • ¿Y _____ ?
   – Me da igual.
   • Pues _____ no.

5. – ¿Sabes qué? Me gustaría quedarme un par de días más. Este sitio me encanta.
   • ¿Y a las niñas?
   – _____ .

6. – ¿Y _____ ? ¿Qué es lo que te pone más nerviosa?
   • ¿ _____ ? Que me digan «no te pongas nerviosa».

7. – Mira la hora que es. Me parece que Pablo ya no viene.
   • _____ .

8. – A la amiga de Pablo no le interesa nuestro proyecto y
   _____ .
   • ¿Cómo lo sabes?
   – Acaba de decírmelo.

9. – ¿Vienes a la fiesta esta noche?
   • No puedo, pero me encantaría ir.
   – _____ me gustaría ir, pero vienen unos
   amigos a cenar.

10. – Ni a Susana ni a su madre les ha gustado Madrid.
    • ¿Y a la abuelita?
    – _____ . Dijo que había mucho ruido,
    mucho tráfico y que todo era muy caro.

9. *¿Cómo se dice en español?*

1. Mit dir weiß man nie.
2. Zwischen dir und mir gibt es keine Probleme.
3. Außer ihr sind die übrigen einverstanden.
4. Alle wollen gehen, außer dir.
5. Kommst du mit?
6. Meinetwegen (Wegen meiner) kannst du das Buch mitnehmen.
7. Für mich hat es keinen Sinn.
8. Und gefällt es *dir*?
9. *Mir* gefällt es überhaupt nicht.
10. Ich habe nach dir gefragt, aber keine wußte, wo du warst.

Combinación de los complementos pronominales

SL 126, 127

10. *Para tu cumpleaños te regalaron muchas cosas: algunas son bonitas y otras feas, algunas te gustan y otras no; algunas ya las tienes. Como no sabes muy bien qué hacer con ellas le pides consejo a una persona amiga tuya y ésta te propone:*

1. – La verdad es que no sé qué hacer con este libro de cocina.
   • ¿Por qué no _____ (regalar) a Tomás?
   Estoy segura de que no tiene ninguno.

2. – ¿Adónde voy a poner este cuadro? ¡Es horrible!
   • ¿Y si tratas de _____ (vender) a alguien? Sobre gustos
   no hay nada escrito.

3. – ¿Qué puedo hacer con tantas plantas?
    • Yo que tú _____ (llevar) a la abuelita.
      A ella le encantan las flores.

4. – ¿Me quieres decir que hago yo con una tortuga de agua?
    – ¿Estás segura / o de que no quieres _____ (quedarse) ?
      A mí me parece preciosa.
    – Si te gusta, _____ (regalar).

5. – Sólo a mi madre _____ (*ocurrírsele*) regalarme calcetines de
      lana.
    • Si no te gustan, _____ puedes _____ (dar) a mí.

6. – Estos sellos son muy bonitos. El único problema es que ya los tengo.
    • No te preocupes. Yo conozco a una persona que seguramente
      _____ (cambiar).

7. – Mi ex novio siempre me regala sábanas. ¡Estoy hasta las narices!
      Esta vez _____ (devolver).

8. – ¿Pero tú entiendes a mis hermanos? Saben que no fumo y me regalan
      cigarros.
    • Yo que tú _____ (devolver).

9. – Es la tercera vez que mi padre me regala un reloj.
    • _____ (quedarse) yo, si no te importa.

10. – Francamente no sé qué voy a hacer con este diccionario de ruso si
      estudio español.
    • _____ puedes _____ (regalar) a alguna
      biblioteca.

10.a *Transforma las frases del ejercicio anterior utilizando la forma del imperativo donde sea posible.*

M̧ ¿Por qué no se lo regalas a Tomás? **Regálaselo** a Tomás.

10.b *Transforma las frases del ejercicio anterior. Mira el ejemplo.*

M̧ *(1.) No* **se lo regales** a Tomás. Ya tiene uno.

2. No _____ , que a lo mejor un día tiene mucho valor.
3. No _____ a la abuelita, que ya tiene muchas.
4. No _____ porque seguro que te olvidas de darle de comer.
5. No _____ que a mí la lana me da alergia.
6. No _____ a nadie. Seguro que los puedes vender.
7. No _____ porque yo las necesito.
8. No _____ , que a mí me encanta fumar.
9. No _____ ; mejor se lo regalo a Paco, que no tiene.
10. No _____ a una biblioteca; mejor dáselo a Susana que es estudiante y tiene poco dinero.

11. *Practica las estructuras que te damos en el ejemplo.*

M̧ – El domingo es el cumpleaños de Susana. ¿Ya **le has comprado un regalo?**
   a) • No, **se lo compro** mañana.
   b) • No, **voy a comprárselo** mañana.
   c) • No, pero tampoco **se lo compres** tú que ya **se lo ha comprado** Pedro.
   d) • **Cómpraselo** tú, por favor, que yo no tengo tiempo.
   e) • No, pero **estaba pensando** en eso.

1. – Juan está al teléfono. Necesita las llaves del coche. Pasa a buscarlas en seguida.
   • Dile que no, que _____ (llevar) yo esta noche, cuando termine de trabajar.
   – No _____ todavía porque el coche lo necesito yo.

2. – Tú que eres tan bueno, ¿me dejas el periódico?
   • Si te pones así, _____ (regalar).

3. – Toma, esto es para ti.
   • ¡Pero qué camisa más linda!
   – Vamos, _____ (probarse) a ver qué tal te queda.

4. – ¿Pero tú no has visto unos libros de español que estaban aquí?
   • Acabo de _____ (prestar) a Tomás. Dijo
     que mañana tenía un examen.
   – A Tomás no _____ nunca nada, que no
     _____ devuelve.

5. – Mira lo que le he comprado a Susana.
   • ¡Me encanta!
   – Pero no _____ (mostrar) todavía porque es
     una sorpresa.

6. – ¿Puedes darles las llaves a los González?
   • No quiero.
   – Anda, _____ . ¿Qué te cuesta?

7. – ¿Puedes pasarme la sal?
   • ¿Cómo dices?
   – La sal, si _____ .

8. – ¿Has hablado con Pablo?
   • Estoy _____ (intentar) desde ayer, pero no
     está nunca en casa.

9. – Acaban de llamar del supermercado. Hoy no pueden traernos el
     pedido.
   • ¿Y cuando _____ ?
   – Mañana, supongo.

10. – En este texto hay muchas palabras nuevas. ¿ _____
      puedes _____ (explicar) a Juana?
    • Ahora no tengo tiempo. Llama a Jorge. Seguro que
      _____ (traducir) él.

El complemento pronominal – Das Pronominalobjekt
y el pronombre *se* (reflexivo e impersonal)

SL 110; 117; 247

12. *¿Cómo se describen a sí mismas / os?*

UNA FAMILIA ESPAÑOLA

No (1) _____ llevan ni bien ni mal, pero (2) _____ ve que
están contentos. María Jesús es profesora de piano. Carlos (3) _____
hizo ingeniero de comunicaciones, pero (4) _____ gustaba una
actividad más dinámica y ahora trabaja en marketing. (5) «_____
conocimos en Valencia y después de tres meses (6) _____ casamos.»
El matrimonio tiene dos hijos, Diego, de 17 años y Ramiro, de 14. Al mayor
(7) _____ interesa la música y al menor, el deporte. No tienen mayores problemas con sus padres, «salvo, a veces, algunos problemas de comunicación». No son católicos practicantes, pero Ramiro quiso hacer la primera
comunión y no (8) _____ (9) _____ impidieron. Dicen
ser ecologistas, pero eso no (10) _____ impide ir a los toros.
(11) _____ pregunto a Carlos si ayuda en los trabajos de la casa.
Salta ella: «No (12) _____ debe decir *ayudar* porque ésta es también
su casa.» Y añade: «Los hombres son terribles en las tiendas. Compran
cosas que no (13) _____ hacen falta y luego no saben qué hacer con
ellas.»

Adaptado de *El País Semanal*, 4 de Julio de 1993, pág.26

13. *¿Sabrías decir qué función tiene* **se** *en estas frases?*

1. *¿Se* te ocurre qué le podemos regalar a Alicia para su cumpleaños?
2. ¿Sabes a quién *se* le dice «sudaca»?
3. Cuando *se* es joven, una /o no *se* complica mucho la vida.
4. ¡Cuidado! Que no *se* le caiga el vaso porque puede rompér*se*le.
5. *Se* te nota cansada. ¿Tienes mucho que hacer?
6. *Se* me olvidó renovar el pasaporte y ahora no puedo viajar.
7. Tienes que recordár*se*lo porque Pedro es muy distraído.
8. Si quiere, *se* lo puedo traer mañana (... puedo traér*se*lo mañana).
9. Si *se* quiere viajar de noche, una /o tendría que reservar una litera.
10. *Se* ayudó a las víctimas con medicinas y alimentos.
11. En esta clase una /o no *se* puede distraer.
12. *Se* cree el mejor de todos, pero *se* equivoca.

14. *Si las siguientes personas hablan de sus gustos y preferencias, ¿qué dicen? Busca en la tabla (Tabelle) de abajo las frases que dirían:*

☑ A Unos amigos tuyos: (A nosotros) nos gusta dormir hasta tarde, no nos molesta ...

A Unos amigos tuyos que nunca se acuestan temprano, toman vino tinto y comen paella, escuchan música como si fueran sordos y si viajan, compran un billete de tren o se ponen en la autopista para que alguien los lleve.

B Tú hablando de la vecina de arriba que siempre se levanta a las seis de la mañana, quiere vender su departamento e irse de la ciudad; evita hablar de literatura y política y detesta a tus amigos porque les encanta el alcohol y escuchar música muy fuerte.

C Tú hablando de ti misma /o: Vivo en Berlín, con una amiga y su novio. Si voy al cine, elijo películas como «Drácula» o «King Kong» y no soy para nada una persona romántica. Voy poco a restaurantes españoles. Prefiero en realidad los «Burger» porque tomo coca-cola y no quiero gastar mucho dinero en comida. Me encanta viajar y conocer el mundo.

A mí (no)			vivir sola /o.
A ella / él (no)			el ruido.
A unos amigos míos (no)	me	encantar	levantarse temprano.
A la vecina de arriba (no)	te	gustar	comer comida española.
A mi compañera /o (no)	le	molestar	las películas de terror.
A mis padres (no)	les	dar lo mismo	las novelas de amor.
A una amiga mía (no)	nos	dar igual	el café sin azúcar.
A un conocido que tengo (no)	os	importar preferir	las emociones fuertes. las personas tempera- mentales. viajar a dedo.
A alguien que conozco (no)			los viajes organizados. dormir hasta tarde. acostarse temprano. las discusiones inte- lectuales. tomar coca-cola. el alcohol. las grandes ciudades. vivir en el campo. gastar mucho dinero en comida.

SL 131; 249, 250

15. *Completa los diálogos con las palabras de la lista:*

| una /o | consigo misma /o | a sí misma /o | para sí | conmigo | contigo |

1. – Dime una cosa. ¿Se puede saber lo que le pasa a Pedro? Habla solo, se
   ríe todo el tiempo y está totalmente distraído.
   • ¿Tú no te has enamorado nunca? Bueno: cuando _____ se
   enamora, habla _____ _____ , está de excelente
   humor y está en otra cosa.

2. Tomás, cuando ve a Pedro tan enamorado, dice _____ ,
   que a él también le encantaría sentir lo mismo, pero no se lo cuenta
   a nadie.

3. A veces la novia de Tomás le pregunta si quiere irse con ella, y Tomás
   siempre le contesta: « _____ , al fin del mundo». Ella, entonces,
   se dice _____ que no hay nada más divertido que
   un hombre cuando está enamorado.

4. ¿Y Ud.? ¿No está de acuerdo _____ ?

El pronombre relativo – Das Relativpronomen

SL 150; 375

1. *Completa utilizando la / el / lo que, las / los que*

– ¿Puedes pasarme el libro, por favor?
• ¿Cuál?
– **El que** acabo de poner sobre la mesa.

1. – A mí me pareció una película interesantísima.
   • ¿Cuál?
   – _____ acabamos de ver. ¡Cuál va a ser!

2. – ¡Hasta mañana! Y no te olvides, ¿eh?
   • ¿Qué cosa?
   – _____ me he dejado en tu casa.

3. – ¿Ya se puede pasar?
   • Sólo _____ tengan entradas.

4. – ¿Has visto las entradas?
   • ¿Qué entradas?
   – _____ traje ayer.
   • Creo que están encima de tu escritorio.

5. – Mira, allí está la madre de Victoria.
   • ¿Cuál es?
   – _____ está de pie, hablando.

6. – Hoy dan una película viejísima por televisión.
   • ¿Cómo se llama?
   – «_____ el viento se llevó».
   • Ah ... Mi abuelita siempre hablaba de esa película.
   – ¿Qué abuelita?
   • _____ se murió.

7. – Tus estudiantes han protestado.
   • ¿Cuáles?
   – _____ no han aprobado el examen, lógico.
   • ¿Y qué quieren?
   – _____ quieren está claro: que les cambies la nota.
   • _____ crea que se la voy a cambiar, está soñando.

8. – Acaba de llamar una señora.
   • ¿ _____ ya había llamado esta mañana?
   – No.
   • ¿Y entonces quién?
   – Por la voz creo que es _____ estuvo aquí la semana pasada.
     _____ no entiendo es por qué no ha querido dejar su nombre.

9. – Mañana vienen los pintores.
   • ¿Qué pintores?
   – _____ nos recomendó Andrés.
   • ¿Serán buenos?
   – Son _____ le pintaron la casa a él, y tan mal no quedó,
     ¿verdad? _____ no sé es cuánto nos van a cobrar *(berechnen)*.

10. – ¡Ya tengo casa!
   • ¿Y cuál has alquilado finalmente?
   – _____ está en la calle Córdoba.
   • Y ésa, ¿cuál era? ¿ _____ tiene balcón, pero no tiene ascensor?
   – No. _____ acabo de alquilar está en Viamonte. _____
   tiene de bueno es que cuesta la mitad de _____ costaba la
   otra.

SL 154; 379

*2. Pon la forma correcta del pronombre **cuyo**. ¡Ojo! ¡En alemán es diferente!*

En una tarde de lluvia, unas personas están mirando viejas fotos de familia...

1. – ¿Y esa señora de la foto?
   • Es la abuela de mi madre, una señora muy interesante en _____
   casa solían reunirse músicos y artistas y que organizaba conciertos y
   exposiciones de vanguardia para su época.

2. – Tú no has conocido a nuestra tía Aparicia, ¿verdad?
   • Me han hablado de ella, pero conocerla personalmente, no.
   – Parece que era una mujer bastante atípica, _____ único
   ideal era la libertad y _____ vida sólo consistía en *(bestehen
   aus)* viajar por el mundo.
   • ¿Y todavía vive?
   – Supongo que no, y ya hace años que no sabemos nada de ella.

3. – Y éstos, ¿quiénes son?
   • Una familia _____ propiedad lindaba con *(grenzen an)* la
   nuestra y que era bastante excéntrica para nuestro gusto. No querían
   mandar a los hijos a la escuela del pueblo _____ maestro, de-
   cían, no era lo suficientemente religioso. Las mujeres, _____
   ropas venían de algún lugar de Europa, apenas salían de la casa y los
   hombres, _____ barbas nos hacían reír, sólo se acercaban
   al pueblo para comprar o vender. No mantenían ningún contacto.
   Creo que pertenecían a una secta religiosa _____ orígenes
   desconozco, pero era muy estricta y conservadora.

4.   – ¿Y éste?

   • Éste era el loco *(Verrückter)* de la familia: mi tío Agustín, _____ leyenda dice que nunca se casó, pero que todas las mujeres solteras *(alleinstehend)* y las no solteras estaban locas por él. Vivía solo, pero recibía frecuentes visitas de _____ sexo y edad mejor no hablar. Se dice que era un gran vividor _____ talento consistía en tenerlo casi todo con casi nada. Con los años se volvió místico y se fue a vivir a un monasterio.

5.   – A ver si adivinas quién es. Te ayudo: en un lugar de la Mancha de _____ nombre no quiero acordarme vivía ... ¿A que no sabes *(Wetten, daß du nicht weißt)*?

   • Pues no.

   – ¡Ésa soy yo, disfrazada de *(verkleiden als)* Don Quijote!

SL 150, 152; 374, 376

*3. Completa con las preposiciones **a, de, con, en** o con un artículo y el pronombre relativo que sea conveniente (passend).*

1.   – ¿Te has acordado de traer el informe?

   • ¿Ése _____ hablamos la semana pasada?

   – No. El otro. _____ trajo Andrés.

   • No. Me lo olvidé.

2.   – ¿Sabes que Manolo ya tiene novia?

   • No sabía. ¿Y quién es?

   – Seguro que conoces a Virginia, la chica _____ hice la escuela primaria. Pues bien: ésa es.

3.   – ¿Sabes una cosa? Estoy cansada /o de sentirme sola /o.

   • ¿Sí?

   – Sí. Quiero alguien _____ poder salir por las noches, una persona _____ pueda contarle mis problemas, alguien _____ poder confiar *(vertrauen)*, una mujer / un hombre _____ valga la pena *(sich lohnen)* vivir, tener proyectos, soñar, esas cosas.

   • ¿Y cuándo piensas divorciarte *(sich scheiden lassen)*?

4. – Me han dicho que estáis buscando casa para el verano, ¿es verdad?
    • Sí. Este año ya hemos viajado demasiado y queremos unas vacaciones
      tranquilas. Buscamos una casa _____ esté cerca del
      mar, _____ (_____) se pueda llegar en
      tren o autobús porque no todo el mundo tiene coche; una casa
      _____ puedan vivir cuatro personas juntas, pero no
      revueltas *(zusammengepfercht)* y _____ haya suficiente
      lugar para un par de visitas; que tenga un balcón _____
      se pueda comer y _____ se pueda ver el mar.

5. – ¿Sabes con quién me encontré? ¡Con Miguel!
    • ¿ ... ?
    – ¿Te acuerdas del chico _____ me había enamorado
      cuando tenía doce años, _____ me iba a casar y tener
      muchos hijitos, _____ le encantaban los animales y
      que quería ser veterinario, _____ yo pensaba que era
      un héroe como Tarzán, porque se subía a los árboles de la calle y
      devolvía *(zurückbringen)* los pájaros a los nidos? ¿Pero no sabes
      _____ te estoy hablando?
    • Es que tú me cuentas tantas cosas. ¿Y qué pasó finalmente con el
      héroe?
    – Nada. Se hizo cura *(Pfarrer)*.

SL 153; 376–378

4. Completa con el pronombre que corresponda: ¿la / el / lo cual, las / los cuales
o quien(es)?

1. – He tenido una terrible discusión con Gabriel. ¿Y sabes qué? Que su
      padre – a _____ yo siempre he tenido por aliado –
      de pronto defiende a Gabriel diciendo que yo no tengo sensibilidad y
      que no lo comprendo.
    • El padre de Gabriel es una persona con _____ yo
      siempre he tenido dificultades; además, si se trata de Gabriel, a
      _____ siempre han tratado como a un niño, no me
      llama la atención *(es wundert mich nicht)* que haya reaccionado así.

2. – ¿Qué le pasa, profesora? La veo preocupada ...
   • La organización de este encuentro deja mucho que desear. Los repre-
   sentantes de varias universidades extranjeras – de _____
   depende en buena parte nuestro programa de hoy – no se han presen-
   tado, y nadie sabe dónde están. La Sra. Güiraldes, a _____
   yo personalmente he confiado *(übertragen)* la organización, acaba de
   sufrir un accidente y los estudiantes, con _____
   hablamos para que se ocuparan de nuestros visitantes, se quedaron
   dormidos. Creo que para un día basta, ¿no?

3. Requisitos *(Anforderungen)* para presentarse a un concurso de cuentos:
   Este concurso literario va dirigido a _____ les interese
   la literatura, especialmente la prosa, _____ significa que
   a esas personas para _____ sólo es posible expresarse a
   través de la poesía, les conviene no presentarse o mandar las poesías a
   otro concurso (de poesía por ejemplo) en _____ probablemente tengan más posibilidades, porque éste – al _____
   sólo se pueden mandar cuentos – es muy posible que no lo ganen ya que
   – como acaba Ud. de leer – está dirigido solamente a todas las personas
   _____ se dedican a la prosa, que no es lo mismo que la
   poesía como todo el mundo sabe y a _____ no está
   abierto este concurso.

SL 150–152; 375; 380–383

5. *Elige el pronombre relativo y el modo que requiera el contexto.*

1. – ¿Por qué me pusieron una multa *(Geldstrafe)*, si el coche está bien
   estacionado?
   • Porque aquí existe una ley que dice que sólo los coches _____
   patentes *(Nummernschild)* (terminar) _____ en número
   impar pueden estacionar aquí los fines de semana.

2. – Mira, este verano pensamos ir a Andalucía.
   • Elige bien el hotel. No vayas a ningún hotel _____ no
   (hay) _____ aire acondicionado, de lo contrario *(sonst)*
   te arruinarás las vacaciones.

3. – Afuera está tu hijo. Dice que necesita pedirte algo.
   • El día _____ mi hijo (venir) _____ y no (querer)
     _____ nada lo voy a festejar.

4. – ¿Qué piensan hacer en Semana Santa?
   • Vamos a Barreal. Estamos en una pensión _____
     (_____) no (haber) _____ ni teléfono,
     ni fax, ni nada. Así que tienen que arreglarse sin mí.
   – ¡Como si fuera la primera vez!

5. – ¿Dónde es el concierto?
   • A unos cincuenta kilómetros de aquí.
   – Entonces irán _____ (tener) _____
     coche porque a la vuelta ya no hay tren, ni autobús ni nada.
   • ¿Por qué no le preguntas a tu padre si nos lleva?
   – _____ (tener) _____ coche es mi
     madre, y mejor que ni se entere *(etw. erfahren)*. A lo mejor *(womög-
     lich)* hasta me dice que no vaya.

6. – Y toda esa gente, ¿por qué está subiendo al avión?
   • ¿No has oído _____ acaba de decir la azafata? Que
     pueden ir subiendo aquellas personas _____ asientos
     (tener) _____ los números del 20 al 40.

7. – ¿Se puede fumar aquí?
   • No. Aquí no. Sólo en las filas *(Reihe)* _____
     (_____) (estar) _____ encendido
     (erleuchtet sein) el cartel *(Anzeigetafel)*. Y en el pasillo *(Gang)*
     tampoco.

8. – Llama a alguien _____ (saber) _____ arreglar
     grifos *(Wasserhahn)*. No podemos seguir así.
   • _____ (saber) _____ arreglar grifos
     es Verena, y ahora está en la universidad.
   – Entonces llama a otra persona.
   • Llama tú a _____ (querer) _____ , que yo estoy
     harta *(es satt haben)* de ocuparme de las cosas de la casa.

6. ¿Cómo se dice en español?

1. Alle, die sie kannten, haben nur Gutes von ihr erzählt.
2. Alles, was sie / er tut, gefällt mir.(Mir gefällt alles, was sie / er tut.)
3. Wir sprachen über die Zeit, als wir zusammen zur Uni gingen.
4. (Die Tatsache,) daß unsere Eltern befreundet sind, ändert nichts an der Sache.
5. Das, was du mir erzählst hast, will ich vergessen.
6. Was du sagst, kann nicht stimmen.
7. Wen ich zuerst sehe, frage ich.
8. Alle Student(inn)en, welche die Vorstellung besuchen wollen, bekommen von mir eine Karte umsonst.
9. Was du heute kannst besorgen, das verschiebe nicht auf morgen.
10. Die Tatsache, daß er Spanisch spricht, hat nichts zu sagen.

SL 368–371; 380–383

7. ¿Hay alguna diferencia entre estas frases? Tradúcelas.

1. a) La gente, que estaba cansada de esperar, se retiró.
   b) La gente que estaba cansada de esperar se retiró.

2. a) Las personas que quieren hacer preguntas me encontrarán en el café de la esquina.
   b) Las personas que *quieran* hacer preguntas me encontrarán en el café de la esquina.

3. a) La nueva traductora, que sabe ruso, parece más eficaz que la anterior.
   b) La nueva traductora que *sepa* ruso ganará más que la anterior.

4. a) Necesito un libro que *explique* bien la diferencia entre «ser» y «estar».
   b) Necesito el libro que *explica* bien la diferencia entre «ser» y «estar». Ayer lo dejé aquí y ahora ya no está.

5. a) La ley, que discrimina a las personas de menores recursos (*Einkommen*), ha liberado (*freigeben*) los alquileres.
   b) La ley que libere los alquileres discriminará a las personas de menores recursos.

6. a) Puedes hacer lo que *quieras*. A mí me da lo mismo.
   b) ¿Puedo hacer lo que quiero?

8. *Une las frases con un pronombre relativo y todo quedará más claro.*

Ayer fui al cine y vi una película colombiana que me encantó: «La estrategia del caracol» *(Schnecke)*. Es la historia de un desalojo *(Räumung)*. *El desalojo* tiene lugar en Bogotá. En el *casco antiguo (Altstadt)* de Bogotá hay varias casas viejísimas de muchas habitaciones. *En esas habitaciones* viven muchas familias desde hace muchos años.

Los inquilinos *(Mieter)* son personas muy diferentes: Gabriel es un chico. *Gabriel* se gana la vida haciendo de travesti. Hay una pareja de recién casados. *Los recién casados* siempre piensan en irse a la cama. Hay un tipo que todavía no ha terminado la carrera de abogado. *Al tipo lo* llaman «Perro». *Que lo llamen «perro»* a él no le gusta para nada. Con él vive también un anarquista. *El anarquista* es un viejo republicano. *El republicano* se escapó de España, lógico, y ahora trabaja de tramoyista *(Kulissenschieber)* en un teatro de la ciudad. Hay también una mujer relativamente joven. *La mujer tiene un marido. El marido* está en coma. Sin olvidar a uno. No me acuerdo *del nombre.* Éste tiene una serpiente *(Schlange)*. *La serpiente* está domesticada *(zähmen)*. La serpiente se llama «Pirula».

La película cuenta la historia del desalojo. *El desalojo* empieza un día. *Ese día es* cuando el dueño, un «yuppie» muy rico, decide echar a toda la gente a la calle con el pretexto *(Vorwand)* de que en esa casa han vivido sus antepasados. La gente , con la ayuda de «Perro» y el anarquista, se organiza y comienza a resistir. No te cuento más porque vale la pena verla.

Es la historia de un desalojo **que** tiene lugar en Bogotá en **cuyo** casco antiguo ...
Y ahora sigue tú.

El pronombre posesivo – Das Possessivpronomem

1. *Completa los diálogos*

1. – ¿Qué estás buscando?
    • Mi abrigo
    – ¿Es éste?
    • No. _____ es azul.

2. – Allí está el coche de Ana.
   • Ése es un Renault y _____ es un Fiat.

3. – Éstos son mis anteojos, ¿verdad?
   • ¿_____ ? ¿Tanto aumento llevas?

4. – ¿Tu hija va sola al cine?
   • Con las amigas.
   – _____ son todavía muy pequeñas. Prefiero acompañarlas.

5. – Esta impresora *(Drucker)* es demasiado lenta.
   ¿Cómo es _____ ?
   • Por el estilo *(ähnlich, genauso)*.

6. – Se me ha roto el coche. ¿Me prestáis _____?
   • Si nos lo traes esta noche, sí.

7. – Aquélla es tu novia, ¿verdad?
   • No, _____ no usa anteojos.

8. – ¿Has visto a nuestro hijo?
   • Sí. Está con _____ jugando en la calle.

9. – ¿Qué número ha salido en la lotería?
   • _____ , lamentablemente, no.

10. – Ya no sé qué hacer con esta niña. Últimamente *(in letzter Zeit)* está insoportable.
    – Y _____ , ¡ni te cuento!

SL 136–139

2. *Completa los diálogos con la forma tónica (betont) de los pronombres* (*mía, tuya, suyo ...*).

1. – ¿Así que vas a Nueva York?
   • Sí, una amiga _____ trabaja en la ONU y me invitó.

2. – Unos amigos _____ han llamado esta mañana.
   • ¿Dejaron algo dicho *(etwas [mündlich] hinterlassen)*?
   – Que volverían a llamarte.

3. – Lo siento mucho, pero la doctora ha salido.

    • Entonces me quedo a esperarla.

    – El riesgo es _____ , ya que no sabemos cuándo volverá.

4. – ¿Conoces a Rosa Montero?

    • Personalmente no, pero he leído tres novelas _____

5. – Alguien se ha olvidado el abrigo.

    • No se lo ha olvidado nadie. Es _____ .

    – ¿ _____ ? ¿Y el que tienes puesto también?

6. – Isabel quiere ir a Temuco.

    • Y eso, ¿dónde está?

    – En el sur de Chile.

    • ¿Y qué se le ha perdido allí?

    – Unos familiares _____ le escribieron preguntándole si quería ir.

7. – Sandra quiere ser espeleóloga *(Höhlenforscherin)*.

    • ¡No me digas! ¿Y quién se lo sugirió?

    – Fue una idea _____ . Parece que últimamente *(in letzter Zeit)* lee muchas revistas científicas.

8. – Esa amiga _____ , que trabajaba en el Ministerio, ¿sigue allí?

    • ¿Nosotros tenemos una amiga en el Ministerio?

    – La que se dedicaba a importación y exportación.

    • ¡Ah! Tú te refieres a Claudia. Hace muchísimo tiempo que no trabaja allí. Ahora tiene una agencia literaria con un pariente _____

9. – ¿Tú vives con tus padres?

    • Con mi padre y una compañera _____

SL 136–143

3. *Completa los diálogos con el posesivo que corresponda.*

Una familia sale de vacaciones. Unas horas antes ...

PADRE   Espero que esta vez no nos olvidemos de nada. ¿Todas las maletas están en el coche?

HIJO   ¡(1) _____ no! Todavía la estoy haciendo.

MADRE   ¿Pero para qué tanta prisa? (2) _____ ropa todavía se está
        lavando. Además tengo que plancharme los pantalones.

ABUELA ¿Me puedes planchar (3) _____ también?

MADRE   ¡Ni hablar! Yo plancho (4) _____ ropa y el resto de la
        familia se plancha (5) _____ .

ABUELA ¡Es de no creer! ¿Así tratas a (6) _____ propia madre?

MADRE   Que sea (7) _____ madre o (8) _____ , da igual.
        Aquí cada persona se ocupa de (9)_____ .

PADRE   ¿Dónde están los pasaportes?

HIJO   ¿Y para qué quieres tenerlos todos tú? ¿No es mejor que cada uno
        tenga (10) _____?

PADRE   ¡Quién fue a hablar! No me recuerdes lo que pasó el año pasado.
        Dos horas en la frontera porque el niño no lo encontraba.

HIJO   ¿Que no encontraba el pasaporte (11) _____? ¡Te lo estás
        inventando!

PADRE   Bien. Haz lo que quieras. ¡Querida (12) _____ ! ¿Ya has
        terminado con la ropa?

MADRE   Casi. Lo que pasa es que en (13) _____ maleta ya no
        tengo lugar.

PADRE   Eso te pasa por llevar tantos libros. Vamos a ver si logramos
        ponerla en una de las maletas (14) _____ .

MADRE   En (15) _____ maletas yo no pongo nada. Siempre llevas
        los calcetines y otras cosas sin lavar.

PADRE   ¿Me estás llamando sucio a mí? Para que sepas, me he pasado
        media noche en la lavandería. Y eso, ¿por qué? Porque en (16)
        _____ propia casa todas las máquinas estaban ocupadas.

ABUELA Sólo tenemos dos. Siempre he dicho que las lavadoras son como las
        camas: lo mejor es que cada cual tenga (17) _____ .

MADRE   Cada loco con su tema.

HIJO   ¿Todo listo?

MADRE   Parece que sí.

PADRE   ¿Está todo cerrado con llave?

ABUELA Sí. ¿Pero dónde está el abuelo? Yo, sin él, no me muevo *(fort-
        bewegen)*.

HIJO   Está ahí, sentadito en el coche. ¿No lo ves?

ABUELA ¡Ah, bueno! Entonces, ya podemos salir.

El artículo – Der Artikel

SL 74

1. *Coloca el artículo correspondiente según el significado de la palabra.*

1.	___ cólera	*Wut*	11.	___ cólera	*Cholera*
2.	___ frente	*Stirn*	12.	___ capital	*Hauptstadt*
3.	___ orden	*Ordnung*	13.	___ radio	*Radio*
4.	___ editorial	*Leitartikel*	14.	___ cura	*Priester*
5.	___ clave	*(Lösungs-)Schlüssel*	15.	___ cometa	*Komet*
6.	___ cometa	*Drachen*	16.	___ radio	*Radius*
7.	___ margen	*Ufer*	17.	___ frente	*Front*
8.	___ orden	*Befehl*	18.	___ margen	*Rand*
9.	___ clave	*Klavichord*	19.	___ cura	*Kur*
10.	___ editorial	*Verlag*	20.	___ capital	*Kapital*

SL 104

2. *Escribe la forma correcta del artículo cuando sea necesario. Piensa que se trata a veces de una contracción y a veces de una cuestión fonética.*

1. – ¿Has leído el editorial _____ *El País*?
   • No. ¿De qué trata?

2. – ¿Existe _____ hache en español?
   • Lógico, pero no se pronuncia.

3. – ¿Qué pasó con el proyecto?
   • _____ ala *(Flügel)* más conservadora lo vetó.

4. – ¿Conoces la fórmula de _____ radio?
   • ¿La fórmula de qué?
   – De _____ radio. ¿No te suena?
   • No. ¿Cómo se dice en alemán?
   – Radius.

5. – ¡Cuidado con ese frasco *(Flasche)*!
   • ¿Qué contiene?
   – _____ ácido *(Säure)* muy peligroso.

6. – ¿Cómo se dice, «el azúcar» o «la azúcar»?
   • ¿Existen las dos?
   – Creo que sí, pero no estoy segura /o. Mejor búscalo en el
     «Diccionario de _____ dudas» de Seco.

7. – ¿Cuál es el mejor vino español?
   • El de _____ Duero.
   – ¿Y el vino de _____ Rioja?
   • También es excelente.

8. – ¿Pero a ti te parece bien lo que ha hecho?
   • Pues no lo sé. Dicen que en _____ amor como en _____ guerra
     todas _____ armas son válidas *(gelten)*.

9. – ¿Pero qué te ha pasado?
   • Me ha picado _____ avispa *(Wespe)*.
   – Yo no sabía que _____ avispas pican.
   • No sólo _____ avispas; _____ abejas también.

SL 183; 211; 301; (321, 324)

3. *Coloca una cruz en aquellas frases que consideres agramaticales.*

1. – Y usted, ¿dónde trabaja?
   • Soy un pintor.

2. – ¿Tú crees que necesitamos más gambas *(Garnele)* para la paella?
   • Con un medio kilo alcanza y sobra.

3. – En Bremen está una de las universidades más progresistas de
     Alemania.
   • No te estarás confundiendo con Marburgo, ¿no?

4. – ¿Y quién es ese tipo del que tanto hablas últimamente *(in letzter
     Zeit)*?
   • Es un pintor que conocí en las Baleares.

5. – Doctor, ¿usted cree que me voy a morir?
   • No existe un tal peligro.

6. – ¿He recibido alguna llamada?
   • Un tal Juancho acaba de preguntar por ti.

7. – ¿Y cómo te ganas la vida?
    • Soy un representante de la compañía «Éxito».

8. En el mercado
    – Éstas son todas las gambas que me quedan.
    • ¿Serán un kilo y medio?
    – Medio kilo hay seguro.

9. – ¿Se lo digo ahora?
    • Mejor mañana, que trae un humor de perros ...

10. – ¡Sírvete una otra copa!
    • Si me tomo una otra más, no llego a casa.

11. – ¿Qué te pasa?
    • ¡Tengo un dolor de cabeza ...!

12. – ¿Tú crees que se quedará en Berlín por mucho tiempo?
    • Bueno, no lo sé, pero si se compró una casa y tiene pasaporte alemán, no me sorprendería.

13. – ¿Por qué no vienes?
    • Tengo fiebre.

14. – ¿Por qué no ha venido?
    • Tiene una fiebre que le impide viajar.

4. *Traduce las frases y coloca el número en el casillero (Kästchen) correspondiente según los siguientes criterios: en alemán es igual (A); en alemán es diferente (B).*

A	B

1. – Durante la cena se sirvieron **unos vinos** de Cafayate.
    • ¿Cafayate? Y eso, ¿dónde está?
    – En la provincia de Salta, en el norte de Argentina.

2. – ¿Qué le pondrás a la niña para carnaval?
    • ¡Qué sé yo! Tal vez **unas plumas,** le encantan los indios.

3. – ¡Es una vergüenza *(Schande)*! Sus hijos han vuelto a robarme las cerezas.
    • Se comerían algunas, pero los chicos no son **unos ladrones**.

4.   – ¿De dónde eres?
   • Yo soy **berlinesa,** pero mis padres son de Aquisgrán *(Aachen)*.

5.   – Y ése, ¿quién es?
   • **Un berlinés**.
     – ¿Cómo lo sabes?
   • Por el acento.

6.   – ¿Y cómo vamos a llegar a ese pueblo?
   • No te preocupes que yo tengo **auto**.

7.   – ¿Quieres cambiarte de casa?
   • Sí, porque tengo **un departamento** frío y carísimo.

8.   – ¡Qué dolor de cabeza!
   • Tómate **media aspirina,** que en seguida se te pasa.

SL 101; 314; 318; 320; 324

5. Escribe el artículo definido cuando sea necesario.

1.   – Quisiera hablar con el encargado *(Verantwortlicher)*.
   • _____ señor Molina no está.

2.   – En Asturias se habla _____ catalán.
   • No; _____ catalán se habla en Barcelona.

3.   – ¿Vamos al campo de deportes?
   • No puedo. _____ sábados trabajo.

4.   – Buenos días. Déme dos pilas para esta radio.
   • Lo siento; _____ pilas no vendemos.

5.   – ¿Te sirvo?
   • ¿Tiene _____ ajo *(Knoblauch)*?
     – Sí.
   • Entonces no; _____ ajo no me gusta.

6.   – ¿Qué problema hay con la cañería *(Wasserleitung)*?
   • _____ agua no sale.
     – ¿Cómo?
   • Bueno, _____ agua sale, pero poca.

7. – ¿En Mallorca también se habla _____ catalán?
   • Sí, pero _____ catalán de las Baleares no es como el de Barcelona.

8. – ¿Por qué han cerrado tantos cursos?
   • La cantidad de _____ estudiantes ha bajado mucho.

9. – ¿Por qué protestan?
   • Porque un número alto de _____ mujeres no recibió contrato .

10. – Llegaron _____ Navidades, y yo sin comprar los regalos.
    • Yo que tú, a estas alturas *(zu diesem Zeitpunkt)*, me olvidaría de ir a comprar.

11. – Dicen que _____ otoño es muy bonito aquí.
    • _____ bonito es que aquí todavía existen _____ cuatro estaciones.

SL 106; 183; 301

6. *Escribe el artículo (in)definido cuando sea necesario.*

1. – ¿Qué hace Juan?
   • Es _____ funcionario del Estado.

2. – ¿Quién es Juan?
   • Es _____ funcionario del Estado que controla las facturas.

3. – Y ese tipo, ¿quién es?
   • Es _____ brazo derecho de la policía.
   – ¿Y qué está haciendo aquí?
   • Vigilándonos *(bewachen)*.

4. – No te pongas así. Cualquiera se equivoca.
   • Todo tiene _____ límite. _____ traductor no puede permitirse ese error de principiantes.

5. – ¿Tienen _____ fax?
   • Tenemos _____ fax conectado al teléfono.

6. – Tú que tienes tantos diccionarios, ¿me prestas uno?
   • Llévate éste, _____ otro lo necesito yo.

7. – Los pueblos condenados *(verurteilen)* _____ subdesarrollo
   no logran salir de ese círculo vicioso *(Teufelskreis)*.
   • El problema es creer que hay _____ pueblos condenados.
   – ¿Entonces tú estás convencida de que hay _____ posibilidades de
   cambiar?
   • Siempre.

8. – ¿Tú crees en fantasmas?
   • No, pero que _____ hay, _____ hay.

9. – ¿Por qué no quieres estudiar _____ otra lengua?
   • Tengo miedo de aprender _____ dos mal.

10. – ¡Fíjate! Ahí está _____ de los libros que estábamos buscando.
    • ¡Es verdad! Voy a comprarlo en seguida.

SL 318

7. Completa las frases con los artículos (in)definidos cuando sea necesario.

1. – Si quieres hacer carrera no seas _____ mujer, ni _____
   minusválido *(Behinderter)*, ni _____ homosexual.
   • No exageres. Las cosas han cambiado bastante. Ser _____ mujer ya
   no significa lo mismo que el siglo pasado; _____ minusválido tiene
   en la actualidad tantos derechos como la gente que no lo es, y _____
   homosexuales siguen discriminados, pero _____ leyes antidiscrimi-
   natorias están en vigor *(gelten)*.
   – Una cosa son _____ leyes, y otra cosa es la realidad de todos _____
   días.

2. – ¿Hay algo para comer?
   • Tengo _____ berenjenas *(Aubergine)* en la heladera.
   ¿Quieres?
   – Odio _____ berenjenas.
   • ¿Qué te preparo entonces? ¿ _____ papas fritas?, ¿ _____
   pimientos?
   – _____ papas fritas me hacen mal. Prefiero _____ pimientos con
   un poquito de ajo *(Knoblauch)*.

3. – ¿Tú crees que es verdad que se puede aprender _____ español durmiendo?
   - _____ español de Cervantes, no.
   – ¿Y entonces cuál?
   - Tonta / o, era _____ chiste.

4. – ¿Tiene _____ trabajo?
   - Sí, _____ trabajo tiene.
   – ¿Y?
   - Nada. Que es _____ trabajo aburridísimo.

5. – ¿Quieres melón?
   - ¿Está frío?
   – Natural.
   - Ah, no. _____ melones se comen fríos. _____ melón que no está frío no es _____ melón.

6. – ¿Qué van a tomar?
   * A mí me gusta más _____ vino que _____ cerveza.
   • Yo prefiero _____ vino a _____ cerveza.
   + Para cenar, _____ vino; para almorzar, _____ cerveza.

7. – Mira, anoche hemos cocinado para diez y sólo han venido dos personas. ¿No quieres llevarte algo?
   • Bueno, todas _____ berenjenas y _____ pimientos.
   – ¿De verdad que quieres llevártelo todo?
   • ¿Pero no acabas de ofrecérmelo?

8. – ¿De qué estaban hablando ustedes?
   • De _____ dependencia que producen las drogas.
   – No sólo producen   dependencia.

9. – Se entregaron _____ alimentos a _____ personas de pocos recursos (Einkommen).
   • _____ personas de pocos recursos no necesitan _____ alimentos sino _____ trabajo para comprar _____ alimentos que más les gusten.

10. – ¿Y en esos congresos se dicen cosas interesantes?
    • _____ tonterías se dicen.
    – Pero a veces _____ tonterías que se dicen te hacen reír.

El adjetivo – Das Adjektiv

Posición del adjetivo – Stellung des Adjektivs

SL 344–355

1. Coloca el adjetivo antes o después del sustantivo. Recuerda que el adjetivo que precede (vorangehen) al sustantivo se refiere siempre a una información ya conocida.

1. *(interesantísima lo)*
   - Mira, Alejandra me trajo un (_____) programa
     (_____) para copiar en nuestra computadora.
   - De los (_____) programas (_____) de
     Alejandra yo no me fío *(trauen)*.
   - ¿Y por qué?
   - Porque siempre tienen algo raro y me vuelvo loca para hacerlos funcionar.

2. *(madrileña lo)*
   - ¿Sabes una cosa? Carlos ha puesto una «boutique» de corbatas
     (Krawatte).
   - ¿Y dónde?
   - En la (_____) calle (_____) de la Paloma.
   - ¿Y crees tú que Carlos puede pagar el alquiler de una tienda en una
     (_____) calle (_____)?
   - El no, pero espera que las corbatas sí.

3. *(grandísimo)*
   - ¿Qué te pasa que estás tan enojada?
   - Es que Pedro ha vuelto a perder la billetera *(Brieftasche)*.
   - Bueno, no es tan trágico, ¿no?
   - Es un (_____) problema (_____): no sólo
     llevaba cien marcos sino el abono para el metro y dos tarjetas de
     crédito.
   - Será un (_____) problema (_____), como tú
     dices, pero esas cosas le pueden pasar a cualquiera.

4. (mejor / peor)
    – ¿Me acompañas? Tengo que comprar un par de vasos. Se me han roto todos.
    • ¿Tiene que ser justo hoy sábado, el (_____) día
      (_____) de la semana?
    – Para mí no hay (_____ o _____) días
      (_____ o _____). Siempre detesto (hassen) meterme en tiendas grandes.

5. (nueva lo)
    – ¿Sabes una cosa? Tendrás una (_____) hermanita(_____).
    • No quiero tener (_____) hermanitas (_____).
    – Bueno, cuando la veas, seguro que te gustará.
    • ¡No quiero! ¡No quiero! y ¡No quiero!

Apócope – Endungsausfall

SL 191

2. Completa los diálogos con la forma que consideres correcta.

> Un grupo pequeño de adjetivos pierden la última sílaba cuando preceden (vorangehen) a un sustantivo masculino singular. En el caso de **grande**, el sustantivo también puede ser femenino.

1. (primera lo), (tercera lo)
    – Mira, el cartero se ha equivocado y ha dejado esta carta aquí.
    • A ver ... Es para la chica del _____
    – No la he visto nunca.
    • Acaba de mudarse. Ayer la vi por _____ vez, y en un _____ momento pensé que era Ana. Son parecidísimas (verblüffend ähnlich sein).
    – ¡No me digas!
    • Sí.
    – Entonces le llevo la carta en seguida. ¿Dónde has dicho que vive?
      ¿En el _____ piso?
    • No, en el _____ , derecha.

2. *(mala lo)*
    – ¿Qué tal la empresa?
    • Estamos pasando por un _____ momento.
    – _____ momentos siempre hay, pero no es el fin del mundo.
    • Tienes razón. Lo que pasa es que esta vez la situación es realmente

    _____

3. *(buena lo)*, *(mala lo)*
    – ¡_____ días!
    • _____ serán para ti.
    – ¿Qué te pasa ?
    • Estoy de _____ humor. Se ha roto el calentador *(Boiler)*.
      No hay agua caliente en toda la casa y para colmo *(Gipfel)* mi vecino,
      que es un _____ tipo y lo arregla todo, está de vacaciones.

4. *(santa lo)*
    – ¿Qué hacemos esta tarde?
    • Vamos a visitar iglesias.
    – ¿Lo dices en serio?
    • ¿Por qué no? _____ Domingo está llena de reliquias históri-
      cas, y _____ Ignacio tiene imágenes de la época de la colonia.
    – Yo quiero ver la Virgen de Luján.
    • Ésa está muy lejos. Vamos mejor a _____ María del Buen
      Aire. Es una virgen muy linda con un barquito en la mano.

5. *(grande)*
    – ¿Adónde llevas a la niña?
    • A la clase de piano.
    – No sabía que tocaba el piano.
    • _____ talento no tiene, pero se divierte.
    – Mi hijo tampoco tiene _____ virtudes *(Talent)* musicales.
      Una vez, en la escuela, organizaron un _____ concierto y el
      único que desafinó *(falsch spielen)* fue él. Todos pasamos una
      _____ vergüenza *(sich schämen)*, pero él, como si nada.
    • ¡Qué se le va a hacer! Las personas _____ estamos llenas de
      complejos, y nos hacemos _____ problemas por cosas que,
      en realidad, no tienen ninguna importancia.

SL 176, 177, 180; 191, 202, 204

3. *Completa los diálogos con la forma correcta.*

En los indefinidos **alguno, ninguno, cualquiera** y en los números **uno, ciento, mil** también hay apócope.

1. – Últimamente *(in letzter Zeit)* te veo muy distraída, como si no vinieras de (ninguno) _____ lado ni fueras a (ninguno) _____ parte.
   • Estoy muy cansada. Un día (cualquiera) _____ me meto en un avión y me voy a (cualquiera) _____ parte.

2. – Escribe en letras esta fecha: 21.08.1921
   • _____ de agosto de mil novecientos _____
   – Yo creía que se leía sin la «o».
   • Ése es otro caso. Escribe esto: 21 _____ marcos.

3. – ¿Hubo mucha gente en la fiesta?
   • Unas _____ (100) personas.
   – ¿Esperaban más?
   • No lo sé. Cuando la organizaron, yo no estaba.
   – Sí. Me acuerdo que aquel día habías tenido (alguno) _____ problema y no viniste.

4. – ¡Préstame _____ (10.000) marcos!
   • ¡(Cualquiera) _____ día *(Da kannst du lange warten)*!
   – (Cualquiera) _____ diría que siempre te pido dinero.

5. – ¿Por qué no has venido?
   • En (ninguno) _____ momento te he dicho que iría.

6. – ¿Vamos al cine?
   • No tengo (ninguno) _____ ganas de moverme de casa.

7. – ¿Has visto mis llaves en (alguno) _____ lado?
   • Creo que estaban sobre la mesa de la cocina.
   – Ésas no son. Las he buscado como loca y no están en (ninguno) _____ parte.

8. – Yo no entiendo por qué la gente no deja de fumar cuando (Hunderte) _____ de personas mueren de cáncer de pulmón.
   • Aunque murieran (Tausende) _____ ; los seres humanos somos bastante idiotas.

9. – ¿Qué número acaba de decir?
   • (121.000) _____
   – ¡Ah! Yo había entendido (131) _____

4. Explica el significado de los adjetivos en negrita.

1. – Hay gente que realmente tiene mala suerte.
   • ¿Y ahora qué pasa?
   – Nada. Que Susana se ha estado preparando durante semanas para la carrera, y ahora que llega el **gran** día, justo se rompe una pierna.

2. – ¿Será verdad eso que dicen que detrás de un **gran** hombre hay una **gran** mujer?
   • No sólo detrás, sino al lado, delante, arriba, a la derecha y a la izquierda.

3. – ¡**Pobre** Juana! Se ha quedado sin trabajo.
   • ¿Necesita dinero?
   – Dinero no, lo que necesita es volver a trabajar porque en casa se aburre como una ostra *(Auster)*.

4. – Quiero presentarte a Ana, una **vieja** amiga. Fuimos juntas al colegio.
   • ¡Hola!

5. – Me siento **vieja**.
   • ¡Viejos son los trapos *(Klamotten)*!

6. – Ponte otros zapatos que éstos te quedan **grandes.**
   • Otros no tengo.

7. – Algunas de las regiones más **pobres** se encuentran en África.
   • ¡Y pensar que allí – antes de Cristo– había reinos riquísimos!

8. – Argentina es un país **grande** con una población muy **pobre**.
   • En realidad no se puede generalizar. **Gran** parte de la población es pobre, pero otra parte no muy **grande** es bastante rica.
   – A mí me cuesta entender cómo un **gran** país como ése tiene los **grandes** problemas que tiene.
   • ¡**Pobre** país!

Gradación – Steigerung
y oraciones comparativas – Vergleichskonstruktionen

SL 194–197; 740

5. *Completa las preguntas con una palabra que indique comparación y luego averigua (ermitteln) las respuestas.*

1. – ¿Cuál es la ciudad latinoamericana _____ poblada?
   • _____ : tiene 12.000 habitantes por km cuadrado.

2. – El sur de la Argentina se llama Patagonia y es la parte del país con _____ habitantes por km cuadrado. Tiene _____ .

3. – ¿Sabes cuántos habitantes tiene Madrid?
   • _____ cinco millones.
   – ¡Qué exagerado! Casi _____ .

4. – ¿Cuál es la ciudad _____ grande del sur de Chile?
   • _____ .

5. – ¿A que no sabes *(wetten, daß du nicht weißt)* cuántos habitantes tendrá América Latina para el año 2000? ... Una ayudita: ¿ _____ 300 millones o _____ ?

6. – ¿En qué países latinoamericanos hay _____ una lengua oficial?
   • En _____ y _____ . En Guatemala se hablan muchas lenguas indígenas, pero no están reconocidas oficialmente.

7. – ¿Sabes en qué países de América Latina hay _____ negros y mulatos _____ mestizos y blancos?
   • En el _____ de América del Sur y en el _____ .

8. – La _____ parte de los indígenas, ¿dónde se encuentra?
   • En la región _____ .

9. – El carnaval _____ famoso se celebra en el único país de América del Sur donde se habla portugués.
   • _____ .

10. – _____ en Puerto Rico _____ en Panamá se habla _____ . ¿Sabes por qué?

6. Completa los diálogos utilizando *que, de, de lo que*.

1. – ¿Y tú realmente sabes arreglar este aparato?
   • Es mucho más fácil _____ parece.

2. – ¿Sabes algo de Tomás?
   • Sí, parece que está mucho mejor. Por lo menos no tiene dolores y duerme mucho más _____ antes.

3. – ¡Realmente no lo entiendo! ¡Llega fin de mes y yo no tengo un peso!
   • El problema es que tú gastas mucho más _____ ganas.

4. – ¿Cuántos habitantes tiene Berlín después de la caída del muro?
   • No estoy segura /o, pero debe de tener más _____ tres millones.

5. – ¿Tú crees que ahora se vive mejor _____ antes?
   • Depende. Yo creo que trabajamos más, y cada vez tenemos menos tiempo para vivir.

6. – ¿Estás contenta con lo que ganas?
   • No lo sé. Ahora gano dos veces más _____ hace dos años, pero gasto más _____ la mitad del sueldo en alquiler.

7. – Mira lo que me he comprado.
   • ¡Es precioso! ¿Te ha costado mucho?
   – Mucho más _____ te imaginas.

8. – Es increíble lo rápido que trabaja. En menos _____ una hora tenía listas todas las cartas.
   • Yo prefiero que trabaje más despacio, pero mejor.

9. – ¡Date prisa!
   • ¿Pero qué pasa?
   – ¡Este reloj no funciona! Es mucho más tarde _____ pensábamos.

10. – ¡Qué bien hablas castellano!
    • Es que he vivido en Madrid.
    – ¿Cuánto tiempo?
    • Poco más _____ medio año.

7. *Fíjate en los ejemplos y luego completa los diálogos.*

– Este vino es malísimo.
• Sí. Creo que es **el peor de todos los** que hemos probado.

– ¿Ya has leído la última novela *(Roman)* de García Márquez?
• Sí. Creo que es **una de las mejores** que ha escrito.

1. – ¡Pero estos rotuladores *(Filzstift)* son carísimos! ¿Por qué los has comprado?
    • Porque son _____ baratos _____ que había.

2. – ¿Éste es tu hermano más chico?
    • No, el del medio. Pablo es _____ : acaba de cumplir tres.

3. – ¿Qué te parece su última novela?
    • Buenísima. Probablemente _____ que haya escrito hasta ahora.

4. – ¿Qué te pasa? ¿No te ha gustado el concierto?
    • Fue malísimo. Con toda seguridad es _____ que hemos escuchado esta temporada *(Spielzeit)*.

5. – ¿Sabes que Alfredo se ha cambiado de casa?
    • ¡No me digas! ¿Y adónde?
    – A Miraflores.
    • ¡Pero está loco! Ese barrio es _____ caros de la ciudad.

6. – De todas las casas que hemos visto ésta es la que más me gusta.
    • Sí, pero es _____ cara _____ , y ese alquiler no lo podemos pagar.

7. – ¿Tanto te ha gustado París?
    • Es la ciudad _____ bonita _____ que conozco.

8. – Ernesto es muy buen alumno, ¿verdad?
    • Sí, es _____ la clase.

9. – Tú has estado en México, ¿no? ¿Es verdad que la contaminación
   (Luftverschmutzung) es insoportable?
   • Bueno ... insoportable no sé, pero sí un gran problema. Quizás
   _____ que tiene el país sin tener en cuenta
   la pobreza, la corrupción, las diferencias sociales, etc. etc. etc.

10. – ¿Y ese coche te ha dado buenos resultados?
   • Fantásticos. _____ que puedas imaginarte.

muy – mucho / mucha /o(s)
tan ..., tanto ..., tanta /o(s) ... como

SL 185; 216, 220; 734–736

8. *Completa los diálogos.*

1. – ¿Estás cansada?
   • _____ más que tú.

2. – ¿Cuántas personas vinieron a la reunión?
   • _____ menos de las que habíamos invitado, y para colmo
   de males *(um das Unglück vollzumachen)* _____ invitados
   se fueron temprano.

3. – ¿Y qué tal el nuevo empleo?
   • Horrible. Trabajo _____ más horas y gano _____ menos.

4. – ¿Qué te pareció la obra de teatro?
   • _____ complicada. Creo que _____ gente no
   comprendió nada.

5. – Con las construcciones comparativas no tienes _____ problemas, ¿verdad?
   • La verdad es que me parecen _____ fáciles.

6. – ¿Pero por qué quieres cambiarte de curso?
   • Es que el profesor habla _____ rápido, no da _____
   explicaciones, y tengo la impresión de que no aprendo _____ .

7. – ¿Qué tal van los chicos en la escuela?
   • Más o menos. Mario no es _____ inteligente _____
     su hermana, y a ella no le interesa el colegio _____
     _____ a mí me gustaría: prefiere quedarse en casa leyendo.

8. – ¡Qué ganas tengo de irme de vacaciones!
   • Bueno, no falta _____ . En unos días ya es Navidad.
   – ¡Lástima que tengamos _____ poco tiempo, porque a mí
     me encantaría ir a la playa.
   • Si yo tuviera _____ días _____ tú, me iría lo mismo.

9. – ¿Y qué tal la nueva casa?
   • No es _____ barata _____ la anterior, pero sí
     _____ más cómoda y práctica: _____ arriba
     _____ abajo hay lugar para poner plantas, y aunque la
     terraza no es _____ grande _____ el patio,
     caben _____ macetas *(Blumentopf)* y hasta una mesa no
     _____ grande para tomar el desayuno.

10. Veo que te has comprado un nuevo diccionario.
   • Sí. No es _____ completo _____ el que tengo en
     casa, pero como no pesa _____ , lo puedo llevar a
     _____ partes sin que me moleste demasiado.

SL 195, 199

9. *Lee el siguiente texto con atención y complétalo con una forma de comparación de **mucho, poco, pequeño, malo**.*

(1) _____ mujeres, cuando terminan la enseñanza obligatoria, se dirigen prioritariamente *(vorrangig)* hacia estudios de letras. Solamente una minoría escoge estudios científicos o técnicos. Este tipo de elección sitúa su futuro profesional en sectores tradicionalmente considerados femeninos que son, al mismo tiempo, ...

– los (2) _____ evolucionados técnicamente,
– los de (3) _____ estabilidad,
– los (4) _____ remunerados *(vergüten)* económicamente.

El adverbio – Das Adverb

1. Combina los dibujos con el adverbio correspondiente.
¿Dónde está el mono? Marca con una cruz la letra adecuada al dibujo.

1. dentro (a)
    fuera (b)

2. abajo (c)
    encima (ch)

3. debajo (d)
    detrás (e)

4. allá (f)
    ahí (g)
    acá (h)

5. arriba (i)
    encima (j)
    detrás (k)

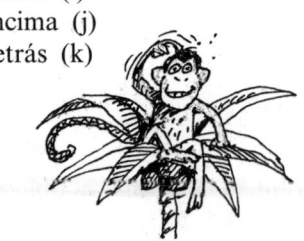

6. antes (l)
    delante (ll)

7. debajo (m)
    delante (n)

8. ahí dentro (ñ)
    acá dentro (o)
    allí abajo (p)

2. *Busca los (13) adverbios que están escondidos (verstecken) en las burbujas (Blase). Se leen de arriba hacia abajo y de abajo hacia arriba, de derecha a izquierda y de izquierda a derecha, también en diagonal y en sentido vertical.*

3. *Completa las frases utilizando **aquí, ahí, allí, allá, acá.***

1. – No sé dónde he puesto los anteojos.
   • Esta mañana estaban _____ mismo, sobre esta mesa y ahora ya no están.

2. – Mira quién acaba de entrar.
   • ¡Pepe!
   – ¿No erais novios?
   • Eso fue _____ lejos, hace tiempo.

3. – Ven para _____ inmediatamente. ¿Me has oído?
   • Si me gritas, no voy nada.

4. – ¿Me dejas las llaves del coche?
   • Toma, _____ están. Y cuando vuelvas, las dejas _____ , sobre esa mesa.

5. – ¿Sabes dónde queda la Biblioteca Nacional?
   • Es _____ no más *(doch)*, cruzando el puente.

6. – ¿Dónde está el suplemento de *El País*?
   • _____ , sobre el estante *(Regal)*… No, _____ no.
   Un poquito más _____ .

7. – Para pagar la matrícula, ¿es _____?
    • No. Vaya a la oficina 303 y _____ pregunte, que le infor-
    marán.

8. – ¿Has visto el periódico de hoy?
    • Pero si lo tienes _____ , delante de las narices.

9. – ¡Brutus! ¡Brutus! Trae eso para _____
    • ¡Guau!, ¡guau! ...
    – Este perro nos volverá locos con esa manía de comerse los zapatos.

10. – No te pongas sentimental que _____ , en tu tierra, las
    cosas no están mucho mejor que _____ .
    • Mejor dejamos el tema porque en eso nunca nos entenderemos.

SL 216; 221, 222

4. *Completa las frases con un adverbio que termine en –**mente**.*

1. – ¿Me has comprendido?
    • _____ (perfecto)

2. – ¿Por qué no me comprende?
    • Si hablas _____ (lento), te comprenderá.

3. – Para que te comprenda, habla _____ _____
    (claro y lento).
    • Yo no sabía que era sorda / o.

4. – ¿Se ha recuperado del accidente?
    • _____ (feliz) ya está fuera de peligro.

5. – ¿Sabes lo que quiero decir?
    • _____ (real), no.

6. – Si tienes algo en contra, ¿por qué no me lo dices?
    • _____ (franco) hablando: me he cansado de discutir contigo.

7. – Esta mañana he dejado la billetera *(Brieftasche)* encima de la mesa y
    ahora – _____ (curioso) – ya no está.
    • ¿La has buscado bien? ¡Fíjate de nuevo!

8. – ¿Estás segura de que la viste en el cine?
   • Ella era, _____ (indudable *zweifelsfrei*).

9. – Si quieres mejores notas, tienes que trabajar _____
   _____ (lento y concienzudo *gewissenhaft*).

5. *Matiza (nuancieren) la intención del hablante con uno de estos adverbios.*

realmente – especialmente – casi – más bien – bastante – medio (un poco) –
extraordinariamente – verdaderamente – ligeramente – demasiado – algo

1. – ¿Cómo sigue Juan?
   • Peor. No puede dormir y _____ por la noche le sube la fiebre.

2. – ¿Qué dice el pronóstico meteorológico?
   • Tendremos calor y un cielo _____ nublado.

3. – ¿Qué tal se ha portado el bebé?
   • _____ bien. No se ha despertado en toda la noche.

4. – Todavía no puedo creer lo que ha pasado.
   • Sí, es _____ increíble.

5. – ¿No la has notado *(bemerken)* _____ rara?
   • Rara no, _____ lacónica.

6. – ¿Lo compramos?
   • No, es _____ caro.

7. – ¿Y la nueva jefa?
   • Joven y dinámica. ¿Qué te diré? _____ yuppie.

8. – Voy al mercado. ¿Te parece que traiga fresas?
   • ¡Ni pensar!
   – ¡Pero si están _____ bien de precio!

9. – ¿Qué tal el hotel de la hermana de Luis?
   • Común y corriente *(ganz normal)*. Ni se come _____ bien
   ni resulta _____ barato.
   – Yo pensaba que os haría un precio de amigos.

10. – ¿Y el documental?
   • _____ interesante. La verdad es que no me lo esperaba.

6. *¡No te confundas (verwechseln)!*

| bien – buen(o) (adj.)   durante – mientras   ya – ya no – todavía |

1. – ¿Cómo te ha ido en España?
   • ¡Muy _____! Mejor, imposible.

2. – ¿Y tú te acuerdas de esa señora que vivía con nosotras cuando tú eras pequeña?
   • No me acuerdo muy _____, pero sé que hacía unas papas fritas muy _____ .

3. – ¿_____ le has contado lo que pasó?
   • _____ no.
   – ¿Y por qué?
   • _____ tengo ganas.

4. – ¿Qué pasó?
   • Lo asaltaron *(überfallen)*.
   – ¿Y cuándo fue?
   • Parece que _____ la noche, _____ hacía guardia.

5. – ¿Cómo? ¿_____ no se enteró *(etwas erfahren)*?
   • _____ se enterará. No te preocupes.

6. – ¿Qué tal el resultado?
   • _____, aunque no tanto como el año pasado.
   – ¿Y la reunión?
   • Salió _____ .

7. – ¿Viste lo que pasó?
   • No, acabo de llegar.
   – _____ la cena se sintió mal y _____ intentaban localizar *(ausfindig machen)* a un médico, desapareció.

8. – Tú que has tenido _____ experiencias, podrías recomendarme un _____ hotel?
   • El «Internacional», está _____ de precio y es cómodo.

7. *Completa los diálogos y traduce. ¡Ojo! ¡No te confundas (verwechseln)!*

en total – totalmente	en suma – sumamente
en fin – finalmente	al contrario – contrariamente
con precisión – precisamente	por último – últimamente
con excepción de – excepcionalmente	de verdad – verdaderamente

1. – A mí, este libro, me parece _____ caro.

   ¿ _____ que lo quieres comprar?

   • Es que me gusta tanto ...

2. – La película me pareció _____ interesante: un diálogo
   chistoso *(witzig)*, excelente fotografía, buenas actrices, _____
   que no te la pierdas *(versäumen)*.

   • Si me la pones así, voy volando.

3. – ¿Y? ¿ _____ se pusieron de acuerdo?

   • No.

   – _____, que hagan lo que quieran. Ya son grandes.

4. – Lo más importante es que te expreses _____

   • _____ de eso quería hablarte.

5. – Este año la cosecha ha sido _____ buena.

   • El año pasado – _____ algunas regiones –
   tampoco pudimos quejarnos *(beklagen)*.

6. – _____ quisiera referirme a algunos problemas que han
   surgido _____

   • ¿No podríamos dejarlo para otro día? ¡Es tardísimo!

7. – ¡Nunca pensé que vendría tanta gente a la fiesta! Me he quedado
   _____ sorprendida.

   • ¿Cuántos éramos _____ ?

   – Más de cien.

8. – ¡Es un desastre! Todo ha salido _____ a lo que yo
   pensaba.

   • ¡Pero no, _____ ! Hemos logrado lo que
   queríamos.

Preposiciones – Präpositionen

SL 275–277

1. *Combina los verbos con las preposiciones.*

> **a** (destino)   **hasta** (punto o destino final)   **para / hacia** (dirección)
> **por** (el medio por donde se realiza el movimiento)   **de / desde** (origen)

ir *a* / ir *hasta*, etc.

ir _____   venir_____   llegar _____   entrar _____

_____   _____   _____   _____

_____   _____   _____   _____

_____   _____   pasar _____

_____   _____   _____

_____

viajar _____   volver_____   caminar _____   salir _____

_____   _____   _____   _____

_____   _____   _____   _____

_____   _____   _____

1.a *Ahora que sabes qué va con qué preposición, completa las frases.*

1. – ¿Dónde está Mariana?
    • De vacaciones.
    – ¿Y adónde fue?
    • Quería viajar _____ el norte de España y entrar _____
      Francia _____ los Pirineos.

2. – ¿ _____ dónde vendrá este tren?
    • No lo sé, pero va _____ Madrid. ¿Ve el cartel?
    – ¿Y pasará _____ Toledo?
    • Pregunte en la taquilla. Seguro que van a informarle.

3. – ¡Mira cuántos pájaros!
   - Sí. Van _____ el sur.
   – ¿No se cansan de volar?
   - Creo que no descansan _____ que llegan.

4. – ¿Y esas frutas?
   - Son _____ Costa Rica.
   – ¿Y son ricas?
   - A mí me gustan, pero cuando llegan _____ Alemania, ya no tienen el mismo gusto.

5. – ¿Y tú conoces la China?
   - Bastante. Cuando era estudiante, viajé _____ norte _____ sur; incluso *(sogar)* llegué _____ la frontera con Tibet, pero no se podía pasar.
   – ¿Y volverías _____ Hong Kong?
   - No, allí no.

6. – ¿Por qué llegas tan tarde?
   - Volver _____ centro me llevó dos horas. Hay un tráfico infernal.
   – ¿Valdrá la pena volver _____ la ciudad? Quería hacer unas compras.
   - Si quieres llegar antes de que cierren las tiendas, es mejor que dejes el coche y vayas caminando _____ el parque, luego te tomas cualquier autobús que vaya _____ el centro o que te deje cerca.

7. – ¿Puedo pasar?
   - Sí, pero no entres _____ aquí, porque está todo mojado *(naß)*. La empleada *(Hausangestellte)* acaba de lavar. Y al entrar _____ la habitación, camina _____ el costado *(Seite)*, que los pisos *(Fußboden)* están encerados *(bohnern)*. Y cuando vuelvas _____ jardín, límpiate los pies. Y no te olvides de que ...
   – ¿Pero esto es una casa o un museo? ¡Qué manía!

8. – ¿Has visto a María Clara?
   - No.
   – ¡Qué raro! Salió _____ casa después del desayuno; pasó _____ mi oficina a media mañana *(später Vormittag)* y no volvió _____ casa a almorzar.

2. *¿Sabes cuándo se escribe la preposición a?*

Fíjate bien que la preposición es una rección del verbo, es decir, forma parte de él como si fueran una sola palabra.
La preposición **a** acompaña también al infinitivo para expresar un imperativo, especialmente en la lengua hablada.

1. – Sopa no quiero. La sopa no me gusta.
   - ¡ _____ comer y _____ callar!

2. – ¿Quieres _____ terminar de una vez? ¡Estoy perdiendo la paciencia!
   - Intenta _____ calmarte. Gritándome no ganarás nada.

3. – ¿Puedes _____ traducirme lo que ha dicho?
   - Te pregunta si ya te has decidido _____ aceptar o no.
   – ¿Es posible _____ contestar la semana que viene?
   - Dice que sí.

4. – ¿Cómo es que no se atreve *(sich trauen)* _____ decirle lo que piensa?
   - Porque no está acostumbrado _____ tener conflictos con la gente.

5. – ¿Sabes si Ana viene _____ comer?
   - Fue imposible _____ comunicarse con ella.

6. – ¡ _____ levantarse, que es tardísimo!
   - ¡Déjame _____ dormir cinco minutitos más!

7. – Prepárate _____ escuchar lo que te voy _____ decir.
   - No me vengas con chismes *(Klatsch und Tratsch)*, ¿quieres?

8. – ¡Qué bien! ¡Por fin todos los inquilinos *(Mieter)* decidieron _____ protestar!
   - ¿Y por qué protestan?
   – ¿Por qué van _____ protestar? ¡Por los aumentos!

9. – ¿Qué piensas de los homosexuales?
   - Creo que cada persona debe _____ hacer lo que se le da la gana.
   – Es que todos le tememos al qué dirán *(Gerede)*.

3. *Escribe la preposición **a** cuando sea neceario.*

> Recuerda que el objeto directo de persona o ser animado, cuando es un sustantivo, siempre va precedido por la preposición **a**, a menos que *(es sei denn, daß)* la identidad no interese.

1. – Estoy buscando _____ técnico. ¿Lo has visto?
   • Todavía no.

2. – ¡Otra vez no funciona la computadora!
   • ¿Por qué no te buscas _____ un técnico que te la arregle?
     Si sigues intentando tú, tendrás que comprarte _____ una nueva.

3. – Necesito _____ esa persona que vino ayer y que sabía catalán.
   • Lo siento, pero no ha dejado su número de teléfono.
   – Bueno. Entonces búscame _____ otra persona, porque necesito _____ alguien que pueda traducirme esto ya.

4. – ¿Has visto el anuncio? Se necesitan _____ mujeres para vender no sé qué cosa.
   • ¿No dan detalles?
   – No. Sólo dicen que buscan _____ chicas jóvenes sin experiencia comercial.
   • Seguro que quieren _____ otra cosa.

5. – ¿Tú tienes _____ hermanos?
   • No.
   – Siempre creí que tú tenías _____ un hermano en Colombia.

6. – Pablo tiene mucho dinero, ¿verdad? Anoche tiró la casa por la ventana *(ganz groß feiern)*. Había de todo y encima pagó _____ cocineros, _____ camareros, _____ servicio doméstico. ¡Qué sé yo!
   • Se habrá vuelto loco.

7. – ¿Qué haces esta noche?
   • Cuido _____ la hija de una amiga.
   – Ese lado no te lo conocía.
   • Cuido _____ niños para ganar dinero. No por otra cosa.

4. *¿En qué caso podrías reemplazar la preposición **a**?*

> Recuerda que la preposición **a** se utiliza para:
> – expresar una dirección o movimiento en el espacio,
> – localizar objetos, lugares o hechos en el tiempo,
> – para expresar nociones de tiempo, cantidad y modo muy precisas.

1. – ¿Vienes con nosotros **a** Colonia?
   • Me encantaría, pero tengo otros planes.
   – ¡Otra vez será!

2. – Mira lo que he comprado.
   • ¡Un vídeo! ¿Y **a** cuánto te lo dejaron?
   – Adivina.

3. – **A** golpes y gritos no vas a conseguir nada.
   • ¡Es que a veces me saca de las casillas *(jd. verrückt machen)*!

4. – ¿Cómo has venido? ¿**A** pie?
   • Sí, tengo el coche en el taller, y **a** esta hora es imposible conseguir taxi.

5. – ¡Qué intolerancia! ¡Me han puesto otra multa *(Geldstrafe)*!
   • ¿**A** cuánto venías?
   – **A** 65 por hora.
   • ¿Estás segura?
   – Bueno ... un poquito más.

6. – ¡Es una vergüenza! ¿Sabes **a** cuánto están las papas? ¡**A** dos pesos el kilo!
   • En el mercado las están vendiendo **a** un peso.

7. – ¿Cuándo dijo que venía?
   • **A** las cuatro, más o menos, prometió estar aquí.

8. – ¿Sabes cómo llegar **a** la estación?
   • Es muy fácil. Tienes que ir **a** esa casa de tres pisos y allí doblar **a** la izquierda, después caminar todo derecho. Se ve de lejos.

9. – Este fin de semana vamos a visitar **a** Soledad.
   • ¿Dónde vive?
   – Lejísimo. Cerca de la frontera con Polonia.
   • ¿Y cómo vais?
   – **A** Berlín en tren y de allí en otro tren **a** otro lugar que no me acuerdo cómo se llama.

5. Elige la preposición adecuada.

1. – ¿Tú crees _____ Dios? (a / en)
   • Yo sólo te creo _____ ti. (a / en)

2. – ¿Tú le tienes miedo _____ los muertos? (a / de)
   • Más miedo tengo _____ los vivos. (a / de)

3. – Ten cuidado. Está dispuesto _____ todo. (a / para)
   • Mira, ¿por qué no dejamos ese tema para después, que ahora todo
     está dispuesto _____ la cena? (a / para)

4. – ¿Cuándo empiezas _____ aprender canto? (a / en)
   • Las clases siempre empiezan _____ invierno. (a / en)

5. – ¿Dónde se ha metido Ángel?
   • Salió _____ hacer unas compras. (a / para)

6. – ¿Y este paquete? ¿Es un regalo?
   • No es _____ ti. Se lo compré _____ tu hermanita porque cumple
     años. (para / a)

7. – Yo, _____ este tema, no me atrevo *(sich heranwagen)*. (con / a)
   • ¿Crees que no te van a entender?
   – Me van a entender perfectamente; es por eso que no me atrevo
     _____ presentarlo. (con / a)

8. – ¿Que te parece si hacemos una comida?
   • ¿Y quién se ofrece _____ cocinar? (a / para)
   – Yo me ofrezco _____ preparar tragos *(Drink)*, porque
     cocinar no me gusta. (a / para)

9. – Ya va a empezar. Prepárate _____ oír tonterías. (para / a)
   • Si lo hubiera sabido, no habría venido. Yo me había preparado
     _____ algo interesante. (para / a)

10. – ¿Los servicios?
    • Vaya _____ la derecha. Están al fondo. (por / a)
    – ¿Ha dicho que están _____ la derecha? (por / a)
    • Sí.

6. *¿Con o sin la preposición **de**?*

1. – ¡Qué rico te ha salido el flan ! ¿No es muy difícil _____ hacer?
   • ¡Facilísimo!
   – Será fácil _____ hacerlo, si tienes práctica porque yo ni siquiera un huevo frito sé hacer.

2. – ¿Es fácil _____ conseguir dulce de leche aquí?
   • Fácil _____ conseguir no es, pero a veces se consigue.

3. – Ha llamado Marisa.
   • ¿De veras? ¿Y ha dejado algo dicho?
   – Que dejes _____ molestarla con tus llamadas.

4. – ¡Mira, mira! Esto es muy fácil _____ romper ... ¡Crach!
   • Tú siempre tan didáctico.

5. – ¿Cómo te sientes?
   • Un poco extraña.
   – ¿Pero extraña cómo?
   • Es difícil _____ explicar. Es como tener la cabeza llena de algodón y plomo *(Blei)* en los pies.
   – La verdad es que no te entiendo.
   • Te he dicho que era difícil _____ explicar esta sensación.

6. – Y eso, ¿qué es?
   • Una papaya.
   – ¿Me das un poquito?
   • Llévatela, pero recuerda que no es bueno _____ comerla verde.

7. – Odio *(hassen)* _____ usar el cinturón de seguridad.
   • Será incómodo _____ usar, pero salva muchas vidas.

8. – ¿Han terminado las noticias?
   • Están terminando _____ pasar el parte meteorológico.
   – ¿Y? ¿Tendremos buen tiempo?
   • Acaban _____ decir que por la tarde lloverá.
   – Es que no ha parado _____ llover en toda la semana.
   • ¿Y qué esperabas en esta época del año?

7. *¡No te confundas! ¿a o de o sin preposición?*

1. – ¿Sería posible _____ dejarlo para mañana?
   • Posible sí, pero no aconsejable.

2. – ¿Por qué quieres alquilarle la habitación a ese colombiano?
   • Porque si hay un latinoamericano en casa, evitas _____ hablar alemán y practicas más español.

3. – ¿Y tú lees mucho?
   • Sólo si me obligan _____ leer en la escuela. Si no, prefiero la televisión.

4. – ¿Cómo? ¿Ya has terminado?
   • Sí, me encontré con una chica que me ayudó _____ subir los libros. Entre las dos no fue mucho trabajo.

5. – Ha vuelto _____ llamar Andreas.
   • ¿Y qué quería?
   – Nada. Charlar.
   • Ese hombre es incapaz _____ estar solo.

6. – Vale la pena _____ hacerlo ahora.
   • ¿Y por qué?
   – Porque el año que viene no ofrecen estos cursos.

7. – Recuérdame _____ que mañana vaya al dentista.
   • Bueno. Lo intentaré.

8. – Cuando te vayas, acuérdate _____ apagar la luz.
   • De acuerdo. Buenas noches.

9. – ¿Se decidió _____ venir?
   • Todavía se lo está pensando.

10. – ¿Funciona?
    • Esto lleva su tiempo.
    – Trata _____ terminar antes de que venga Luisa, porque se pone impaciente y empieza _____ decir que nosotros intentamos _____ arreglarlo todo, pero en definitiva no funciona nada.

8. ¿de o por?

1. – ¿Es verdad que Alemania fue el país preferido _____ los exiliados políticos en los años sesenta para pedir asilo?
   • Creo que no.

2. – Berlín es la ciudad preferida _____ la gente de vanguardia, ¿no?
   • Antes de la caída del muro, sí. Ahora no sé.

3. – Nunca ha habido un desempleo tan alto como ahora.
   • Sí. La causa _____ eso son los políticos que tenemos.
   – ¿Solamente?

4. – ¿Has visto cómo ha reaccionado la policía en la manifestación?
   • _____ todos es sabido que violencia engendra violencia.
   – ¡Caramba! Hablas como un libro abierto.

5. – ¿Estás resfriado otra vez?
   • No. Sufro _____ alergia y en primavera, con el polen, me vuelvo loco.

6. – Esta niña tiene una alergia increíble. No hay médico que le dé en el clavo *(den Nagel auf den Kopf treffen)*.
   • Pero si es un hecho conocido _____ todos que las alergias pueden ser psicosomáticas. ¿Por qué no la llevas a una psicóloga?
   – ¿Tú crees?

7. – ¿Cómo es que hablas tan bien turco?
   • Lo he aprendido _____ mi madre. Cuando era pequeña, todavía vivía mi abuelita y ellas dos hablaban turco.
   – ¿Entonces sólo _____ escuchar?
   • En realidad, sí.

8. – A mí este cuadro me recuerda a Picasso.
   • Normal. ¿Quién puede decir que no fue influido _____ Picasso en esa época?

9. *¿Con qué nociones relacionas (verbinden)* **por** *y* **para***?*
Completa las preposiciones.

noción *(Idee, Vorstellung)*	¿por o para?
movimiento hacia un lugar: salir _____	
movimiento dentro de un lugar: caminar / viajar / pasar _____	
medio, en sentido propio y figurado: ir _____ el norte y volver _____ el sur; mandar _____ fax; llamar _____ teléfono	
ubicación dentro de un lugar: _____ la derecha; _____ ahí; _____ ese barrio	
ubicación aproximada dentro del tiempo: _____ la tarde; _____ el año sesenta o sesenta y tres	
ubicación más precisa dentro del tiempo: _____ mi cumpleaños; _____ Pascuas; _____ la semana que viene	
causa / origen: _____ el mal tiempo; _____ mí ven cuando quieras. Lo hago _____ ti.	
finalidad: _____ aprender español	
precio: pagar _____ ; vender / comprar _____ nada	
agente de pasiva: El manuscrito fue escrito _____ Ana.	
beneficiario de una acción: _____ ti; comprar algo _____ alguien	
relativizar: _____ ser extranjero, habla bien.	
modalidad: La casa está _____ pintar.	

SL 276, 285, 296, 298, 299

10. ¿Por o para?

1. – ¿Cuándo sales _____ Madrid?
   • Tan pronto como haya vuelo.

2. – ¿Tienes ganas de dar una vuelta _____ la plaza?
   • Hace demasiado frío.

3. – ¿Cuántos kilómetros faltan?
   • Si vamos _____ la costa, unos veinte.

4. – Yo que tú no iría _____ ese barrio sola /o _____ la noche.
   • ¿Y qué puede pasarme?
   – De todo.

5. – ¿Y las niñas?
   • _____ ahí, jugando.

6. – _____ mi cumpleaños quiero hacer una fiesta.
   • De acuerdo.

7. – Aquí está todo lo que querías.
   • ¿Y _____ eso has tardado tanto?

8. – Toma tus cosas y vete. No quiero verte más.
   • ¿Estás enojada /o _____ lo de anoche?

9. – ¿Cómo envío todos los libros?
   • Yo los mandaría _____ barco. Tardan un poco más, pero es más barato.

10. – ¡Llegas tardísimo!
    • Lo siento _____ ti, pero como no tienes teléfono, no podía avisarte.

11. – Es una pena que tenga que vender la casa e irse.
    • Sí, _____ ese precio está regalada.

12. – _____ ser alemán, hablas muy bien español. Podrías pasar _____ madrileña /o.
    • Es que me he criado *(aufwachsen)* en Toledo.

11. ¿*Por* o *para*?

1. – ¿Qué haces _____ Carnaval?
   • Voy a casa de mis padres _____ una semana.

2. – ¿ _____ qué se lo has preguntado?
   • _____ que tú y yo saliéramos de dudas *(Gewißheit erlangen)*.

3. – _____ mí que lo hizo _____ ti.
   • ¿Tú crees? Pues yo no. Sólo piensa en sí misma / o.

4. – ¿Sabes cuánto le pagan _____ trabajar en la librería? ¡Una miseria!
   • _____ lo que trabaja ya es demasiado.

5. – Le pusieron una multa *(Geldstrafe)* _____ estacionar frente al banco.
   • ¿Pero no sabía que _____ estacionar ahí se necesita un permiso?

6. – ¿Estas son cosas _____ tirar *(wegwerfen)*?
   • Sí, pero no las tires _____ la ventana.

7. – ¡Qué casualidad! ¿Tú _____ aquí?
   • Justamente iba _____ tu casa.

8. – ¿Estará listo _____ fin de mes?
   • Disculpe, pero _____ un par de días no podré trabajar.
   Salgo de viaje.

9. – ¿Me prestas el coche _____ una semana?
   • Te lo dejo _____ siempre. Acabo de comprarme otro.

10. – ¿Cuántos años le das?
    • _____ la altura yo diría que unos quince.
    – Tiene doce.
    • ¡Es enorme _____ la edad que tiene!

11. – Eso me pasa *(das passiert mir)* _____ decir la verdad.
    • _____ decir la verdad se necesita coraje.
    – Sí. Pero a veces no vale la pena.

12. – ¡Toño! Hazme el favor de leer _____ ti y no molestes.
    • Entonces tú reza (beten) el rosario _____ ti y déjame dormir.

12. *En el siguiente texto se habla de la responsabilidad de los países industria-
lizados frente a los que se encuentran en vías de desarrollo. Deberás completar
el texto con las preposiciones que faltan.*

Como todo el mundo sabe, el llamado Primer Mundo es responsable, no
sólo (1) _____ la destrucción ecológica del Tercer Mundo, sino
que también es la causa (2) _____ los cambios climáticos que se
han venido produciendo. El uno tiene poder y dinero, es decir, los factores
(3) _____ los que se basa la posibilidad (4) _____ proteger
la naturaleza produciendo tecnología no contaminante *(umweltfreundlich)*,
mientras que el otro es tan pobre y dependiente que no puede cambiar nada
sin la ayuda del primero.
Hace mucho tiempo que los expertos nos han informado (5) _____
el peligro que significa la desaparición del bosque lluvioso *(Regenwald)*.
(6) _____ un lado, esta región fue destruida (7) _____
obtener madera y así producir muebles y papel y (8) _____ otro,
(9) _____ criar ganado. En cierto modo, es lógico que pasen estas
cosas: el Tercer Mundo tiene que vivir y ¿por qué van a dejar (10) _____
deforestar *(abholzen)* si el bosque es una de las fuentes de ingresos más
importantes? La destrucción del bosque también explica los cambios climáticos. Pero ¿podemos esperar de campesinos, que se mueren de hambre, que
piensen (11) _____ estas cosas? Los cambios perjudican *(scha-
den)* tanto la naturaleza como (12) _____ las personas. Hay espe-
cies condenadas a desaparecer y también desaparecerá la tierra, la base de la
alimentación, y la cultura de muchos pueblos.
(13) _____ que la situación cambie, habrá que introducir leyes, y
si las leyes no se cumplen, se deberán pagar multas *(Geldstrafe)* muy altas.
Todo gira en torno al dinero. No basta soñar (14) _____ un mundo
mejor. Es típico (15) _____ la gente hablar y discutir, pero ya es
hora (16) _____ poner manos a la obra: boicotear las empresas
que exportan contaminantes al Tercer Mundo, no comprar hamburguesas,
por ejemplo, o comer menos carne. Más vale que empecemos ahora, aunque
sepamos que – en realidad – ya es demasiado tarde.

Claves

El verbo

Verbos irregulares

1. 1. jugamos / juegas – 2. pides / Vuelvo – 3. Prefiero / me siento / empieza – 4. pensáis (piensas,piensan) / puedo / sueño – 5. Te acuerdas / me río – 6. nos encontramos / llueve / Vienes –7. te ríes / te vistes – 8. venís / podemos / tenemos / quieres / viene – 9. pedimos / prefiero / cuesta / dices / diciendo – 10. vuelan / vuela

2. 1. Conoces / conozco / conozcas – 2. ofrezco / ofrezcas – 3. agradezco / agradezca – 4. conduzcas / conduzco – 5. parece /aparezco / aparezcas – 6. merezco / merezcas – 7. traduzco /traduzca

3. 1. llegue / llegue – 2. averigüe / averigüe – 3. recojas / recojas – 4. dirijas / dirijas – 5. consigas / consigas – 6. sigas / sigas – 7. alcancemos / alcancemos – 8. busques / busques

4. 1. busqué y busqué – 2. llegué – 3. averigüé – 4. empecé – 5. se rió – 6. riñó – 7. mintió – 8. se despidieron / dijeron – 9. eligieron – 10. se sintió – 11. murió – 12. se durmió – 13. empecé

5. 1. fuimos – 2. estuvimos – 3. anduvimos – 4. hubo – 5. tuvimos – 6. fuimos – 7. fue – 8. vimos

6. 1. hiciste – 2. puse – 3. quise – 4. pude – 5. vino – 6. pudimos – 7. vinieron – 8. quisimos – 9. pusieron – 10. pude

El imperativo

1. 1. dejéis – 2. toméis – 3. compréis – 4. gastéis – 5. habléis – 6. salgáis – 7. cenéis – 8. vayáis – 9. mandéis – 10. invirtáis – 11. tengamos – 12. hagamos – 13. salgamos – 14. gastemos – 15. usemos

1.a 1. dejen – 2. tomen – 3. compren – 4. gasten – 5. hablen – 6. salgan – 7. cenen – 8. vayan – 9. manden – 10. inviertan

2. 1. reza – 2. déjanos – 3. trata – 4. come – 5. calla – 6. póname – 7. apaga – 8. siéntate – 9. prueba – 10. sírvete – 11. ve – 12. baja – 13. ábrele – 14. sácalo – 15. haz – 16. tómate – 17. acuéstate – 18. lávalos – 19. barre – 20. sal

3. 1. sea – 2. saque – 3. recuérdeles – 4. dígale – 5. cepíllate – 6. límpiate – 7. ponte – 8. acompáñela /lo – 9. recomiéndele – 10. vuelvas – 11. haz – 12. cruces – 13. cómete – 14. date – 15. utilice – 16. bese – 17. dígale – 18. métase – 19. despiértela /lo – 20. coméntele – 21. explíquele – 22. trátelas /los – 23. olvídese – 24. espánteles – 25. tómese

ser – estar – hay

1. 1 K, G – 2 B – 3 I – 4 G,K – 5 D, F, M – 6 C, L – 7 A – 8 A, LL – 9 H, LL – 10 B, J – 11 D, E, F – 12 Ñ – 13 D, F, M – 14 CH – 15 D – 16 K, O – 17 P – 18 N – 19 Ñ

2. 1. a – 2. a – 3. a – 4. a – 5. a – 6. a – 7. b – 8. a – 9. b – 10. a – 11. a

3. 1. hay / está / es – 2. Hay / hay / está / es – 3. es / Soy / estoy – 4. hay / está / es / hay – 5. estás / es / están (estaban) / estás – 6. Es / Hay / son – 7. estoy / es / estamos (estaremos) / es (será) – 8. Hay / es / hay / está / Es – 9. está / estar / hay – 10. hay / Hay / está / están / es / son

4. 1. es – 2. están – 3. Está – 4. está – 5. Es – 6. estaba – 7. estarás – 8. Es / era – 9. Estoy – 10. Estás – 11. está /era – 12. estás – 13. está – 14. Será – 15. son

5. Cantidad: 31, 41, 46 – Juicios de valor: 1, 2, 23, 41 – Identificación / Origen: 4, 5, 9, 10, 20, 24, 30 – Apreciación subjetiva: 3, 13, 17, 25, 26, 37, 38 – Temporalidad: 8, 14, 18, 19, 21, 27, 42 – Posesión: 22, 39 – Materia: 6, 15, 36, 45 – Estado / Resultado:7, 28, 32, 33, 37, 40, 43, 44, 47, 48 – Localización: 11, 12, 34, 35

6. 1. Fue (ha sido) / éramos / está / está / estuvieron – 2. Es / estaba / fue / estaba / estás – 3. Es / Es / estaba / estaba / era (es) / era (es) / es – 4. son / es / están / fui / fue / Sería (Habrá sido) – 5. Fue / estoy / estés (**SL** 681) – 6. fue / Hay / estuve / había – 7. era / están / Era – 8. será / Hay / es / está / está / estoy – 9. estuve (he estado) / estaban / había / estuvo / es / son / está / Es – 10. hubo / había / estoy

7. 1. nació en / vive en – 2. se siente – 3. trabaja de – 4. tiene lugar – 5. me encuentro – 6. ocurrió / pasó – 7. es miembro del – 8. pertenecen a – 9. cuestan – 10. Tiene un carácter muy alegre.

8. 1. Las llaves del coche están sobre la mesa. – 2. La torta está riquísima. – 3. es pequeño – 4. Está prohibido doblar – 5. Está sin coche – 6. están cerradas (no están abiertas) – 7. es / dónde está – 8. Está orgullosa /o – 9. está igual – 10. Es pesimista y gruñón.

9. 1. No está. – 2. No ha llegado (venido) todavía.– 3. ¿ Está lista la comida? – 4.hay un quiosco / está cerrado – 5. Es intérprete / está de profesora – 6. que está tan contento? / Está enamorado. – 7.Estoy con coche (Vine / He venido en coche./ Tengo el coche.) – 8. ¿Has venido en bicicleta? – 9. que es muy divertido – 10. Fue muy divertida. – 11. ¿Qué fue eso? / se está duchando (está duchándose). – 12. ¿Quién fue? / quién era – 13. ¿Cuáles son? / Las que están a la derecha. – 14. está para (*A.L.*: por) salir (despegar) – 15. que estaba casada /o – 16. ¿... quién fue? / Serían (Habrán sido) las diez. – 17. ¿Está bien así? / ¿Está claro ahora? – 18. Sería bueno / Estaría bien – 19. ¡Cállate! – 20. ¿Qué hora es? / Serán las once.

10.
1. a) Sie ist Telefonistin.
   b) Sie arbeitet (derzeit) als Telefonistin. (Sie ist als Telefonistin tätig.)

2. a) Die Konferenz findet im Frühjahr statt.
   b) Wir haben jetzt Frühling.

3. a) Die Bananen sind (noch) grün *(nicht reif)*.
   b) Bananen sind gelb.

4. a) Was macht das? Das macht vierzig Mark.
   b) Die kosten vierzig Mark.

5. a) Wie gut das schmeckt!
   b) Wie gut sie / er ist!

6. a) Das Paket ist gewogen.
   b) Das Paket ist schwer.

7. a) Das Kind ist ungezogen.
   b) Das Kind ist schlecht erzogen.

8. a) Sie / Er war an jenem Abend sehr ruhig *(schweigsam)*.
b) Sie / Er ist ein ruhiger Mensch. *(vom Typ her)*

9. a) Die sind gekauft *(und nicht selbstgemacht)*.
b) Die sind bereits gekauft.

10 a) Sie / Er ist ein entschlossener *(energischer)* Mensch.
b) Sie / Er ist (dazu) entschlossen. Das ist beschlossen.

11. a) Das Essen ist für morgen.
b) Das Essen wird morgen fertig(gemacht).

12. a) Mein Haus (Meine Wohnung) ist das (die) zweite links.
b) Mein Haus (Meine Wohnung) befindet sich links.

13. a) Das war hier. *(in dieser Gegend)*
b) Sie / Er / Das befand sich (direkt) hier.

14. a) Sie / Er ist klein. *(von kleinem Wuchs)*
b) Das ist niedrig / tief.

15. a) Sie / Er ist braun(gebrannt).
b) Sie / Er ist dunkelhaarig / -häutig / -äugig.

16. a) Es war *(spielte sich ab)* in Buenos Aires.
b) Sie / Er war *(befand sich)* in Buenos Aires.

17. a) Diese Melone schmeckt (wirklich) köstlich.
b) Melonen schmecken *(üblicherweise)* köstlich..

11. 1.a – 2.b – 3.b – 4.a – 5.b – 6.c – 7.b – 8.c – 9.b

12. *ser / estar:* alegre – alta /o – amable – atractiva /o – azul – cara /o – cariñosa /o – clara /o – guapa /o – joven – lacónica /o
ser: capaz – evidente – extranjera /o – falsa /o – necesaria /o – posible – precisa /o – verdad
estar: (des)contenta /o – (in)satisfecha /o – llena /o

13. *(Propuestas)*
1. a) ... porque no tiene ventanas muy grandes.
   b) ... porque tienes las persianas *(Jalousien)* bajadas.

2. a) ... parece mayor de lo que es.
   b) ... se parece a sus padres.

3. a) ... Es que tiene muy buen gusto.
   b) ... Es que va a una fiesta.

4. a) ...: siempre tiene una sonrisa en la boca.
   b) ...: ¿no te parece raro? Normalmente no lo es.

5. a) ... acabo de comprarlo.
   b) ... lo hemos cuidado mucho.

6. a) ... Es un viaje que dura catorce horas.
   b) ... Ha viajado catorce horas.

7. a) ... siempre entiende todo lo que le decimos.
   b) ... ha dormido doce horas.

8. a) ... Es bastante normal en el Sur de España.
   b) ... Las han limpiado para las fiestas.

9. a) ... nunca tiene ganas de salir, ni de charlar, ni de nada. Sólo mira televisión y toma cerveza.
   b) ... su mujer se fue de vacaciones y lo dejó con los chicos.

10. a) ... te levantes y hagas un poco de ejercicio.
   b) ... que la semana pasada. Se levanta y hace un poco de ejercicio.

14. 1 F – 2 C – 3 F – 4 F – 5 C – 6 F – 7 F – 8 C – 9 C – 10 F – 11 C – 12 C – 13 F –
14 F – 15 F

estar + participio

1. 1. están cerradas / están apagadas / Está abierta / están sentados / está dormida.– 2. están escritas / está planchada / estás vestida – 3. está hecha / están lavados / están pagadas

Tiempos del pasado

1. 1. me he levantado – 2. he bajado – 3. me he encontrado – 4. ha vuelto – 5. he tenido – 6. He salido – 7. he perdido – 8. he llegado – 9. ha visto – 10. He almorzado – 11. he preguntado – 12. ha dicho – 13. he vuelto – 14. he comprado

2. 1. teníamos – 2. salíamos – 3. volvíamos – 4. comíamos – 5. nos quedábamos – 6. fumaba – 7. bebía – 8. Estábamos – 9. nos pasábamos – 10. iba – 11. se comía – 12. encontraba – 13. encendía – 14. miraba – 15. cerraban – 16. podíamos levantarnos – 17. se miraron – 18. se gustaron – 19. se miraron – 20. se gustaron – 21. era – 22. hicieron

3. 1. salía / me encontré / nos fuimos – 2. llevabas / me di / tenía – 3. estaba / entraron – 4. vivían / conocimos – 5. estaba comprando / pasó / se la llevó – 6. Vivía / vimos – 7. había / llegaste – 8. salíamos / llamó / ofreció – 9. estaba esperando / se acercó /abrazó / besó – 10. andaba / vino / hizo

4. 1. has estado / estuve / vi / aterricé – 2. ha pasado / tuve / vio / pasó / me atropelló – 3. has venido / dije – 4. te has levantado / me acosté / terminó / bebí / fumé / bailé – 5. te has vuelto / dieron / prometieron / dijeron / pensé

5. 1. era – 2. había – 3. podía – 4. pasaban – 5. escuchaba – 6. eran – 7. dormía – 8. tenía – 9. trabajaba – 10. alcanzaba – 11. compraba – 12. salía – 13. íbamos – 14. Venía – 15. se llamaba – 16. hacías – 17. comíamos – 18. se pasaban – 19. teníamos – 20. funcionaba – 21. llegaba (llegábamos) – 22. nací – 23. hubo – 24. duró – 25. fuiste – 26. empezó – 27. terminó – 28. murieron – 29. vinieron – 30. nació – 31. tuvimos – 32. vendimos – 33. fuimos – 34. trabajaste – 35. te levantaste – 36. te acostaste

6. 1. eran – 2. había nacido – 3. comenzó – 4. tenían – 5. tuvieron – 6. viajaron – 7. había cumplido – 8. vinieron – 9. tenía – 10. quería – 11. se llamaba – 12. era – 13. gustaban – 14. odiaba – 15. decidieron – 16. fueron – 17. pusieron – 18. se despidieron – 19. iba – 20. se dio – 21. había desaparecido – 22. había pasado – 23. tenía – 24. quiso – 25. estaba – 26. vio – 27. se asustó – 28. se escapó – 29. salió

7. 1. se escapó – 2. hiciste – 3. salí – 4. estaba – 5. hacía – 6. Había – 7. gritaban – 8. se despedía – 9. lloraba – 10. llamaba – 11. podía – 12. sabía – 13. vi – 14. estaba – 15. se había subido – 16. Empecé – 17. quería – 18. vino – 19. se subió – 20. tomó – 21. bajó – 22. dijiste – 23. iba – 24. estaba – 25. habíamos perdido – 26. dijo – 27. era – 28. importaba (importó) – 29. había recuperado – 30. me sentía – 31. vino

8. 1. desapareció – 2. había zarpado – 3. hacía – 4. murieron – 5. pudo – 6. se salvó – 7. ocurrió (había ocurrido) – 8. declaró – 9. estaba – 10. fue – 11. podía – 12. había – 13. ocurrió – 14. dormía (estaba durmiendo) – 15. produjo

8.a 1. salvó – 2. impidió – 3. pensaba – 4. había llegado – 5. intervino – 6. había puesto – 7. decidió – 8. se escapó – 9. siguió – 10. pudo – 11. se había escondido – 12. se fue – 13. logró –14. hubo – 15. cantaron – 16. bailaron – 17. hicieron – 18. sirvieron

9. 1. a: wissen / b: können / c: (perf. simple bzw. pretérito indefinido von saber) erfahren
2. a: (perf. simple von conocer) kennenlernen / b: kennen
3. a: (perf. simple von tener) bekommen / b: haben

Construcciones pasivas

1. 1. fue descubierto – 2. fue alertada – 3. fue recibida – 4. fueron desalojadas – 5. fue aprovechada – 6. fueron entrevistadas – 7. había sido colocado – 8. fue abierto – 9. fueron encontrados

2. 1. lo descubrieron – 2. la alertaron – 3. la recibieron – 4. las desalojaron – 8. lo abrieron – 9. la encontraron

3. 1. fue arrasada / se escuchaba – 2. Se publicará – 3. Los fabrican / se venden – 4. se supone / fue fundada / era muy visitado / fue bombardeada / la han reconstruido / se atribuye / se considera

4. 1) 1. fue escrito – 2. se publicó – 3. fue ilustrada (está ilustrada)
2) 1. se fundó – 2. se construyó – 3. se hizo (fue hecha) – 4. se dan – 5. se celebran – 6. fue enterrado – 7. se conservan – 8. fue decorada

5. 1. han sido / están – 2. estaba – 3. están – 4. fue / está / está – 5. fue

6. 1. se habla, se discute y se proponen muchas cosas – 2. Ya se informó – 3. se charlaba (hablaba) alrededor del fuego, se cocinaba / se cantaba – 4. se fuma, se come, se bebe y se habla de cosas – 5. se dicen / se dijeron (se han dicho) / se comentaron – 6. se utilizan (usan) / que se desconocen / Ni se informa ni se previene (ni se advierte) – 7. se venden / ya no se fabrican

7. 1. correcto – 2. Debe decir: ... se discrimina a los extranjeros. – 3.Debe decir: ... discriminan **a los** extranjeros.– 4. correcto – 5. correcto – 6. correcto – 7. correcto – 8. correcto – 9. Debe decir: ... **se** come a más no poder.(O la frase es ambigua *(zweideutig)*: en otro país no come, sólo en éste.) – 10. correcto – 11. Debe decir: ... se come**n** excelentes mariscos. – 12. Debe decir: ... se come de maravilla. (A menos que se practique el canibalismo.) – 13. correcto. (O la frase es igual que 9.) – 14. correcto – 15. correcto. – 16. correcto – 17. Debe decir: ... se necesitaron **muchas** personas

8. 1. resultaron – 2. quedó – 3. quedaron – 4. quedó – 5. quedaron

Empleo del subjuntivo

1. 1. que te comas las uñas. – 2. que no te laves los dientes antes de irnos a la cama. – 3. que mires la televisión mientras comemos. – 4. que te olvides de mi cumpleaños. – 5. que trabajes los fines de semana. – 6. que leas el periódico mientras estamos desayunando. – 7. que te interese solamente el tenis. – 8. que llegues tarde del trabajo. – 9. que te levantes temprano los domingos. – 10. que no me ayudes con las compras. – 11. que nunca me regales un libro. – 12. que siempre viajes en primera clase. – 13. que no te levantes de noche cuando el bebé llora.

2. 1. cambien – 2. compartamos – 3. viajes – 4. des – 5. sea – 6. te levantes – 7. te quedes – 8. nos acostemos / nos levantemos – 9. te laves – 10. sigas

3. Algunas posibilidades son las siguientes:
A Nacho le encanta ([no] le gusta) que las chicas se maquillen mucho / le encanta ([no] le gusta) que su novia salga con otros chicos. – A Nacho le parece bien (mal) que se pueda viajar a todas partes / que las chicas no se maquillen / que sus amigos siempre vayan a los mismos bares. – A Nacho le da miedo que algunos jóvenes conduzcan tan rápido / que su novia salga con otros chicos. – A Nacho le da pena (le pone triste) que sus padres discutan todo el santo día / que sus profes no tengan ideas nuevas / que la gente no sea más respetuosa con los ancianos. – A Nacho le extraña (le fascina) que se pueda viajar a todas partes. – A Nacho le aburre que sus amigos vayan siempre a los mismos bares.

4. 1. venga – 2. traiga – 3. oiga – 4. den – 5. haga

5. 1. volváis – 2. empecéis – 3. piensen – 4. cuenten – 5. vuelvan – 6. recomiende – 7. quieran – 8. se acuesten – 9. almuercen – 10. cenen – 11. nos volvamos

6. 1. elija – 2. sirva – 3. repita – 4. se vista – 5. siga – 6. sirvan – 7. se ría

7. (A) 1. sepa / 2. tenga – (B) 3. alquilen – (C) 4. ofrezcan – (D) 5. vuelvas / 6. quieras / 7. guste / 8. sea

8. 1 E – 2 I – 3 J – 4 —* – 5 B – 6 CH – 7 — – 8 F – 9 — – 10 C – 11 G

*¡Ojo! El día del santo no es el día del cumpleaños.

9. 1. quieras – 2. vayas – 3. conozcas – 4. sepas – 5. haga – 6. devuelvas – 7. vaya – 8. pueda – 9. vayamos

9.a – No me parece bien que **queráis** ir **solas /os**. Precisamente por ser la primera vez, es mejor que no **vayáis** muy lejos. Es importante que **conozcáis** las reglas básicas para acampar y que **sepáis** algo de primeros auxilios. Aquí **tenéis** un libro. **Llevároslo***, puede ser que **os** haga falta. No es necesario que me lo **devolváis** en seguida. ¡Y mucho cuidado, eh! Que no **os** vaya a pasar nada. Es una lástima que no pueda acompañar**os**, me gustaría mucho. Quizás vayamos juntos la próxima vez.

*Mira el ejercicio 4, pág. 101.

9.b 1.**quieran** – 2. **vayan** – 3. **conozcan** – 4. **sepan** – 5. Aquí **tienen** un libro. **Llévenselo**, puede ser que **les** haga falta.– 6. **devuelvan** – 7. **les** vaya – 8. acompañar**las /los**

10. 1. vayas – 2. estudies – 3. encuentres – 4. tengas – 5. practiques – 6. seas – 7. digas – 8. quiera – 9. salgas – 10. tengas – 11. gusten – 12. tengas – 13. te diviertas – 14. estés – 15. traigas – 16. vivas – 17. te vayas – 18. hagas

11. A 1. suban – 2. tengan – 3. ocupen – 4. apaguen – 5. lleven
B 1. sea – 2. se parezca – 3. tenga – 4. dejen – 5. nazca – 6. sea – 7. se parezca – 8. esté – 9. sea
C 1. traigan – 2. traigan – 3. pongan – 4. regalen
D 1. vea – 2. escuche – 3. oiga – 4. diga – 5. sufra – 6. se rompan – 7. protesten

12. A 1. llegues – 2. se comunique – 3. te sientas – 4. pase – 5. vea
B 1. esté – 2. se pongan – 3. veas – 4. hagas
C 1. se muera – 2. herede – 3. den – 4. queden – 5. encuentre – 6. viva

13. A 1. se entretenga – 2. jugar – 3. sepas – 4. seguir
B 1. sentarse – 2. diga – 3. comer – 4. pida – 5. abra – 6. cierran – 7. comer – 8. coma
C 1. arreglen – 2. arreglarlo

14. A 1. llega – 2. se quede – 3. ves – 4. sepa – 5. venga
B 1. hay – 2. haya – 3. bajes – 4. hay – 5. son – 6. hay – 7. haya – 8. sea – 9. quieras –
10. quieres.

15. 1. son / serán – 2. sean (A.L. también: son / serán)* – 3. son / serán – 4. sean –
5. sean (A.L. también: son / serán) – 6. son – 7. son – 8. sean – 9. sean (A.L. también:
son /serán) – 10. sean (A.L.también: son /serán) – 11. sean – 12. sean – 13.son / serán
– 14. son (A.L. también: serán) – 15. sean (A.L. también: son / serán) – 16. sean –
17. sean – 18. son / serán – 19. son /serán (Esp. también: sean) – 20. sean – 21. sean –
22. son – 23. son (A.L. también: serán) – 24. son (A.L. también: serán) – 25. sean –
26. son /sean

*(Ver «Dialogando – Pensado para pensar». Verlag J. Luis de Freitas-Branco, Berlin
1993, pág. 74, 91)

16. 1. vas a venir (vendrás) – 2. llegue – 3. abras – 4. vas a dar (vas a dármelo;
darás) – 5. dejes – 6. vuelva – 7. vas a decir (vas a decirle; dirás)

17. A 1. pida – 2. vuelva – 3. duerma – 4. vayamos – 5. pueda – 6.haya – 7. crezca
B 8. sea – 9. encante
C 10. tenga – 11. mande

18. Sin clave

Imperfecto de subjuntivo

19. 1. dejaran – 2. tomaran – 3. compraran – 4. gastaran – 5. hablaran – 6. salieran
– 7. cenaran – 8. fueran – 9. mandaran – 10. invirtieran – 11. tuvieran – 12. hicieran –
13. salieran – 14. gastaran – 15. usaran.

20. 1. fuera – 2. sacara – 3. estudiaran – 4. trabajaran – 5. recordara – 6. se levan-
tara – 7. dijera – 8. se lavara – 9. se limpiara – 10. se pusiera – 11. trabajara –
12. acompañara – 13. recomendara – 14. escucharan – 15. volviera – 16. hiciera –
17. tuviera – 18. se olvidara – 19. pusiera – 20. dijera – 21. se metiera – 22. despertara
– 23. tratara – 24. tuvieran – 25. se olvidara – 26. espantara – 27. pudiera – 28. fuera

21. 1. te comieras las uñas. – 2. no te lavaras los dientes antes de irte a la cama. –
3. miraras la televisión mientras comíamos. – 4. te olvidaras de mi cumpleaños. –
5. trabajaras los fines de semana. – 6. leyeras el periódico cuando estábamos desayunando. – 7. te interesara solamente el tenis. – 8. llegaras tarde del trabajo. –
9. te levantaras tarde los domingos. – 10. no me ayudaras a hacer las compras. –
11. nunca me regalaras un libro. / siempre viajaras en primera clase. – 12. no te levantaras de noche cuando el bebé lloraba.

22. (Propuestas) 1. se pudiera viajar a todas partes. – 2. se maquillaran tanto. –
3. fueran siempre a los mismos bares. – 4. condujeran tan rápido. – 5. discutieran
todo el santo día. – 6. no tuvieran ideas nuevas. – 7. no fuera respetuosa con los
ancianos. – 8. nos hicieran hacer tantas tareas inútiles.

23. 1. eligiera – 2. sirviera – 3. repitiera – 4. se vistiera – 5. siguiera – 6. se fuera –
7. sirvieran – 8. se riera

24. 1. fuerais – 2. aprendierais – 3. os olvidarais / devolvierais – 4. tuvierais –
5. pudiera

25. 1. visitaran – 2. mimaran – 3. siguieran – 4. dejara – 5. exagerara – 6. se hiciera

26. 1. pasara – 2. cambiaras – 3. oyeras – 4. tuviera – 5. pudiera – 6. tuviera –
7. vivieras (viviéramos)

Perífrasis

Verbo + gerundio

1. 1. estoy tratando de (estoy intentando + inf.) – 2. está esperando – 3. está terminando – 4. estoy viendo (mirando) – 5. estoy descansando un poquito – 6. estamos
comiendo – 7. estoy hablando (conversando) – 8. estoy traduciendo – 9. están cons-
truyendo – 10. estoy haciendo

2. 1. habla – 2. estamos teniendo – 3. pesa – 4. está sonando / oigo – 5. cree –
6. estás poniendo / estamos empezando – 7. camina – 8. estamos esperando / me lo
estoy pensando – 9. sale / bebe

3. 1. estaba – 2. estuve – 3. estaba / estuvimos – 4. estuvieron / estaba – 5. estuve /
estábamos / estuvo – 6. estuve / estaba

4. 1. vienes (andas) diciendo – 2. viene entrenándose – 3. vas ordenando / vas
lavando – 4. vas dictando / voy escribiendo – 5. anda diciendo – 6. llevo meses buscando – 7. vengo diciendo / sigues pensando – 8. vas entendiendo / seguir estudiando

Verbo + infinitivo

5. A 11 – B 9 – C 6 – CH 2 – D 11 – E 11* – F 10 – G 1 – H 3 – I 7 – J 5 – K 4 – L 8
*estar por + infinitivo: *Esp.* = necesidad; *A.L.* = inmediatez

6. 1. estuve a punto de comprármelo (*A.L.*:estuve por comprármelo) – 2. ha vuelto
a decirme (me ha vuelto a decir) – 3. Acaba de llamar – 4. He dejado de fumar. – 5.
No dejes de tomar / Si dejas de tomarlos – 6. Si no dejas de apostar así, acabarás por
quedarte – 7. llegarías a decir – 8. echarte a / me pongo a – 9. ha vuelto a / no tardó
en cambiar – 10. estaba para salir *(sólo Esp.)* o estaba por salir *(A.L.)* / había vuelto
a tener / me puse a / acababa de acostarse

7. 1. a) Uns ist nicht zum Lachen zumute. – b) Ich bin für niemanden zu sprechen.
– c) Wie ich dir schon sagte ... Ich will gerade losgehen, da merke ich, daß ich keine
Schlüssel habe. – d) Ich hatte schon fast nein gesagt, aber ich überlegte es mir noch
einmal und nahm an. – e) Sieh, wie spät es schon ist, und die Wohnung muß noch
aufgeräumt werden. – f) Dieses Buch ist zum Lesen da und nicht, um es ins Regal zu
stellen.
2. a) Es bleibt nichts anderes übrig, als noch einmal anzufangen. – b) Sie / Er kam
zurück und begann zu arbeiten. – c) Das letzte Mal haben wir uns in Paris getroffen.
Seitdem habe ich sie / ihn nicht wiedergesehen. – d) Sprich nicht noch einmal so von
meinem / meiner besten Freund/in.
3. a) Wenn du nach Buenos Aires kommst, mußt du mich unbedingt anrufen. –
b) Du hast mich ungeheuer beeindruckt mit dem, was du eben gesagt hast. – c) Darf
ich dir helfen? – d) Hör schon auf zu reden / Rede nicht mehr weiter und fang an,
darüber nachzudenken. – e) Da ich viel zu tun hatte, ließ ich sie weiterreden und
ging.
4. a) Pablo ist nicht da. Er ist gerade weggegangen. – b) Sie / Er regte mich derart auf,
daß ich sie / ihn schließlich anschrie. – c) Ich war gerade ins Bett (schlafen) gegangen,
als plötzlich das Telefon klingelte. – d) Sie / Er hatte sich zu Ende geduscht und ging
schlafen.

5. a) Es ging ihr scheinbar derart schlecht, daß sie bei jeder Kleinigkeit in Tränen ausbrach. – b) Als ich nach Hause kam, machte ich mich daran, mir die Nachrichten anzusehen. – c) Bei dem Lärm der Glocken flogen die Tauben auf und davon.

El estilo indirecto

1. 1. si se habian enviado las cartas – 2. a qué hora era la reunión – 3. si hay un tren – 4. dónde se ha metido / se metió Marlén – 5. cuánto cuesta el libro – 6. cuándo estaba (está) lista la comida – 7. si ya ha llegado el correo – 8. si sus padres ya se habían cambiado de casa (si sus padres ya se habían trasladado) – 9. cómo funciona esta máquina – 10. para qué necesita tu amigo el dinero

2. A 1. querían – 2. iban – 3. tenía – 4. elegía – 5. tenía – 6. quería
B 1. había comprado – 2. había – 3. estaba – 4. era – 5. había comido
C 1. le había ido (le fue) – 2. había respondido – 3. habían parecido – 4. había tenido – 5. había ocurrido
D 1. había estado – 2. acababa – 3. había pasado – 4. habían sentado – 5. fuera – 6. habían vivido – 7. habían cortado – 8. habían comido

3. 1. había encontrado – 2. había buscado – 3. había encontrado – 4. estuviera – 5. había llegado – 6. había conseguido – 7. se había enterado – 8. había podido – 9. había – 10. había gustado – 11. había empezado – 12. había leído – 13. había contado – 14. había reaccionado – 15. se había reído – 16. había pasado – 17. había reñido – 18. habían quitado – 19. podía – 20. se había ido – 21. se habían despedido – 22. volverían – 23. se sabía – 24. había ganado – 25. parecía – 26. era – 27. estaban seguras /os

4. A 1. rezara – 2. dejara – 3. tratara – 4. se había (hubiera) olvidado – 5. era
B 1. había comprado – 2. estaba – 3. importaba – 4. había comprado – 5. pudieran – 6. estuviera
C 1. podría – 2. mirara – 3. era – 4. estaba – 5. estaba

5. A 1. volvería – 2. dormía
B 1. se encontraría – 2. viviría – 3. se sentiría – 4. tendría – 5. recordaría – 6. se enamoraría – 7. vivirían

Oraciones condicionales

1. 1. pasas / traes – 2. te decides / danos / tengo / pasaré – 3. presto / prometes – 4. volvéis (*A.L.* vuelven) / me ocupo – 5. dice / será – 6. vuelves / dejaré / prohibes / digo (diré) / dices / pierdes (perderás) – 7. das / digo

2. 1. encantaría – 2. tuviera – 3. gustaría – 4. pudiera – 5. importaría – 6. tuviera – 7. viviría – 8. estuviera – 9. viviera – 10. vería – 11. fuera – 12. viviera – 13. tendría

3. 1. tuvieras / puedes – 2. necesitaras / das (dame) – 3. olvidara / recuerdas (recuérdamelo) – 4. pasaras / cómprame – 5. llegara / dile

4. 1. hubiera sabido / podrías – 2. hubiera ganado / estaría – 3. hubiera visto / haría – 4. hubiera dicho / sabría – 5. hubiera pasado / pensarías

5. 1. hubieras dicho / habría aceptado – 2. pudieras / agradecería – 3. lograrais terminarlo / sería – 4. tuviera / compraría – 5. fueran / entendería – 6. aprendieras / tendrías – 7. hubiera sacado / habría dejado – 8. estudiaras / pasarían – 9. hubiera sabido / habría salido

6. 1. Si vive – 2. Si vamos – 3. Si hubiéramos (hubieras) comprado – 4. Si hubiera sabido – 5. Si le hubiera pasado – 6. Si tuviera – 7. Si hablas (hablamos)– 8. Si le gritas – 9. Si lo llamas verás. – 10. Si te lo piensas me darás la razón.

7. 1. si me lo devuelves – 2. si le pides – 3. si vas – 4. si no pasa – 5. si llueve – 6. si no es – 7. si no encuentro

8. 1. cuando / si / si – 2. cuando (si) / cuando – 3. si – 4. si – 5. cuando / si – 6. si – 7. si / si / cuando – 8. si – 9. cuando / si

Construcciones con infinitivo, gerundio o participio

1. 1. al salir (saliendo) / después de terminar – 2. para no tener que – 3. Al irse – 4. al llegar – 5. Después de terminar – 6. Por (Al) no saber – 7. hay muchas cosas por hacer / con trabajar / con trabajar – 8. de haberlo sabido – 9. Martín, al ayudar a un tipo ... (Por haber ayudado a un tipo, Martín ...) / Al cruzar / después de comprobar que / sin pensar / al llegar / Por (Al) no tenerlos

2. 1. Al salir (Saliendo) – 2. comenzada – 3. Al bajar (Bajando) / al llegar / Haciendo / al llegar / siendo – 4. pensándolo – 5. pasado / corriendo – 6. comiendo – 7. hecha / hecha – 8. llegar / sonriendo / dando / gritar

3. 1. Sabiendo – 2. Charlando – 3. *No: las acciones no son paralelas o simultáneas.* – 4. *No: se trata de una acción posterior.* – 5. mintiendo – 6. *No: oración de relativo* – 7. Ni tomando

4. , der arbeitslos war /, die sich darauf spezialisierte /, die von den Gründern erbracht wurden / Obwohl sie erst ein halbes Jahr fungierte

Verbos modales

1. 1. debe de – 2. Tengo que – 3. Tienes que – 4. Debe de – 5. Tiene que – 6. tiene que – 7. Debe de – 8. tienes que / Debe de

2. 1. Tuve que – 2. tenía que – 3. Tuvo que – 4. tenía que – 5. tuvimos que – 6. Tenía que – 7. tuvieron

3. 1. *Quiero* irme. – 2. El perro *puede* salir. – 3. *No puedes* irte a casa todavía. – 4. Y yo, ¿qué *hago* con esto? – 5. ¿Qué *deseaba*? – 6. ¿*Puedo* (Me *permite(n)* ir con Ud.(s) / contigo? – 7. ¿Tú también *quieres ir*? – 8. Claro que *quiero ir*. – 9. *No se puede.* – 10. ¡*No puede* ser! (¡Parece mentira!)

4. 1. *Sigue* enferma. *Que* no se levante. – 2. ¿Le *dejo* algo dicho? (¿Le doy un recado?) – 3. *Dicen* que el terreno cuesta 100.000 marcos. – 4. Si mañana *nevara* ... – 5. *Deberías* haberlo visto ... – 6. *Debería* saber lo que tiene que hacer. – 7. *Habrían muerto* unas quince personas en el accidente. – 8. *Dicen* que mañana hará calor. – 9. *Debía de* haber llegado ya ayer. – 10. ¿*Espero* afuera? – 11. ¡*Que entre*! – 12. Dicen que la película es muy buena. – 13. ¿Qué más *puedo* decir? – 14. Dijo que *vengas*. – 15. Dijo que *vinieras*.

5. 1. hay que practicar – 2. no hay que hacer – 3. sólo hay que mandar – 4. hay que apretar – 5. no hay que tocar

6. 1. Tengo ganas – 2. apetece (*España*) / (no tengo ganas) – 3. gusta – 4. encanta – 5. gustó – 6. Quiero (Quisiera / Tengo ganas de) / prefiere / gustan – 7. gustaría / apetece / gustaría – 8. Tienes ganas / gustaría – 9. Querría / Quisiera – 10. gusta / prefiero

7. 1 D – 2 E, F – 3 B – 4 A – 5 G – 6 C – 7 H – 8 E, F – 9 CH

Actos del habla e intenciones comunicativas

1. 1. Könntest du mir die Zeitung ... überlassen? – 2. Würde es dir etwas ausmachen ...? – 3. Sie wünschen? / Ich möchte gern mal ... sehen. – 4. Hast du nicht vielleicht ...?

2. El imperativo (1) que sólo se usa cuando existe mucha confianza entre las personas (suele aparecer con «por favor») o bien si existe una clara jerarquía. Otras formas son «a + infinitivo, el futuro, el subjuntivo en el principal *(Hauptsatz),* la primera persona del plural del presente de subjuntivo».

3. 1. Und dabei / Und das, obwohl ... – 2. Was für ein Dummkopf sollte er sein – 3. Selbst wenn man darauf bestehen würde. – 4. Wenn er auch vor Angst stirbt – 5. Wie sehr du auch weinst – 6. Wenn sie sich auch äußerlich verändert haben mag

4. 1. será /será – 2. sería (habrá sido) – 3. será – 4. ha de estar – 5. estarán – 6. será –7. está (estará) durmiendo – 8. llamará / llamará – 9. te estarás enamorando /pasaría (habrá pasado) / se sentiría (se habrá sentido) / habrá tenido – 10. Será / debe de ser / ha de ser

5. 1 E – 2 F – 3 C – 4 A – 5 C – 6 B – 7 CH

El pronombre

El pronombre personal

1. 1. c – 2. a – 3. a y b – 4. a – 5. c – 6. a y b

2. 1. Soy yo – 2. Soy Trini. – 3. Es ella.

3. 1. (Las encuentro ...) – 2. No estoy ... – 3. Yo no tengo – 4. usted / nosotros – 5. Y usted

4. 1. c y d – 2. b – 3. a – 4. b (en A.L.: a) – 5. a – 6. a y b

5. 1. serán tontos / han vuelto / no nos hablen / sólo a ustedes – 2. A ustedes las conozco / son amigas / las he visto – 3. ¿A qué hora quieren / Ya saben / para ustedes – 4. Ustedes son los chicos – 5. quiere verlos / Han oído / se han olvidado

6. 1. lo – 2. la – 3. las – 4. las – 5. la – 6. lo – 7. le – 8. lo – 9. me – 10. les – 11. le – 12. las – 13. me – 14. nos –

6.a 15. las – 16. los – 17. lo – 18. las – 19. la – 20. la – 21. la – 22. la – 23. la – 24. lo –

6.b 25. lavándolos (los estoy lavando) – 26. buscándolo (lo está buscando) – 27. secándolas (las está secando)

7. 1. le / comprarle / se lo / me – 2. te la / te (puedo prestarte) – 3. te / me / tomarme – 4. te (puedo hacerte) / os / nos – 5. les / lo / pregúntaselo – 6. la / le / le – 7. Me / preguntarle / lo – 8. le / me / les – 9. nos / nos lo – 10. veros / os / nos / me / la / os (va a gustaros)

8. 1. A mí tampoco. – 2. A nosotras /os / A ellas también. – 3. a mí me – 4. a ti / a mí – 5. A ellas también. – 6. a ti / ¿A mí? – 7. A mí también. – 8. a él tampoco – 9. A mí también – 10. A ella tampoco.

9. 1. Contigo nunca se sabe.– 2. Entre tú y yo no hay problemas. – 3. Excepto ella, las / los demás están de acuerdo. – 4. Todos quieren ir, menos tú. – 5. ¿Vienes (conmigo / con nosotras / os)? – 6. Por mí, te puedes llevar el libro. (puedes llevarte el libro.) – 7. Para mí, no tiene sentido. – 8. ¿Y a ti te gusta? – 9. A mí eso no me gusta nada. – 10. Pregunté por ti, pero nadie sabía dónde estabas.

10. 1. se lo regalas – 2. vendérselo – 3. se las llevaría (llevaba) – 4. quedártela / te la regalo – 5. se le ocurre / me los puedes dar (puedes dármelos) – 6. te los cambia – 7. se las devuelvo – 8. se los devolvería (devolvía) – 9. Me lo quedo – 10. se lo puedes regalar (puedes regalárselo)

10.a (1. Ejemplo: Regálaselo a Tomás.) – 2. Véndeselo a alguien. – 3. Llévaselas a la abuelita. – (4. —) – 5. Dámelos a mí. – (6. —) – 7. Devuélveselas. – 8. Devuélveselos. – 9. Quédatelo tú, si no te importa. – 10. Regálaselo a una biblioteca.

10.b (1. Ejemplo: No se lo regales a Tomás.) – 2. No se lo vendas a nadie – 3. No se las lleves – 4. No te la quedes – 5. No me los des – 6. No se los cambies – 7. No se las devuelvas – 8. No se los devuelvas – 9. No te lo quedes tú; – 10. No se lo regales

11. 1. se las llevo / se las lleves – 2. te lo regalo – 3. pruébatela – 4. prestárselos / le prestes / te lo – 5. se lo muestres – 6. dáselas – 7. me la pasas (La sal ..., ¿puedes pasármela?) – 8. intentándolo / (Lo estoy intentando.) – 9. nos lo traen – 10. se las puedes explicar (puedes explicárselas) / se las traduce

12. 1. se – 2. se – 3. se – 4. le – 5. Nos – 6. nos – 7. le – 8. se – 9. lo – 10. les – 11. le – 12. se – 13. les

13. 1. parte del verbo *ocurrírsele* algo a alguien – 2. impersonal (se dice) – 3. impersonal / reflexivo (atención: *uno*, **SL** 249) – 4. parte del verbo *caérsele* y *rompérsele* algo a alguien – 5. impersonal (se nota) – 6. parte del verbo *olvidársele* algo a alguien – 7. dativo (< le lo; *se* es una evolución fonética del dativo *le, les*) – 8. dativo – 9. impersonal (se quiere) – 10. pasiva refleja – 11. reflexivo (atención: *uno*) – 12 reflexivo / reflexivo

14. *(Propuestas)* A   Unos amigos suyos: (A nosotros) Nos gusta dormir hasta tarde, no nos molesta el ruido, nos encanta la comida española y el alcohol y nos da lo mismo viajar a dedo que en tren.
B   A la vecina de arriba no le gustan las discusiones intelectuales, ni el alcohol, ni el ruido. A ella le encanta levantarse temprano y le gustaría vivir en el campo.
C   A mí me encantan las ciudades grandes, pero no me gusta vivir sola /o. No me molesta ir al cine porque me gustan las emociones fuertes. Si leo novelas, prefiero las de aventuras. No me importa comer comida española y me da igual tomar agua o coca-cola porque me molesta gastar dinero en comida. Prefiero viajar.

15.   1. una /o / consigo misma /o – 2. para sí – 3. Contigo / a sí misma – 4. conmigo

El pronombre relativo

1.   1. la que – 2. lo que – 3. los que – 4. las que – 5. la que – 6. lo que / la que – 7. los que / lo que / la, el que – 8. la que / la que / lo que – 9. los que / los que / lo que – 10. la que / la que / La que / Lo que / lo que

2.   1. cuya – 2. cuyo / cuya – 3. cuya / cuyo / cuyas / cuyas / cuyos – 4. cuya / cuyo / cuyo – 5. cuyo

3.   1. del que / El que – 2. con la que – 3. con quien / a la que / en quien / con la que (el que) – 4. que / a la que (adonde) / en la que (donde) / en la que (donde) / en el que (donde) / del que (de donde, desde donde) – 5. del que (de quien) / con el que (con quien) / al que (a quien) / del que (de quien) / de lo que

4.   1. quien / la cual / quien – 2. las cuales / quien / quienes – 3. quienes / lo cual / las cuales / el cual / cual / que / quien

5.   1. cuyas / terminen – 2. donde / haya – 3. que / venga / quiera – 4. donde (en la que)/ hay – 5. los que tengan / La que tiene – 6. lo que / cuyos / tengan – 7. en las que (donde) / esté (está) – 8. que sepa / La que sabe / quien / quieras

6.   1. Todos los que la conocían, hablaban bien de ella. – 2. Todo lo que hace me gusta. (Me encanta todo lo que hace.) – 3. Hablamos de la época en (la) que íbamos a la universidad juntas/os. – 4. El (hecho de) que nuestros padres sean amigos no cambia nada en el asunto. – 5. Lo que (Eso que) me contaste, quiero olvidarlo. (Quiero olvidar lo que me contaste.) – 6. Lo que (Eso que) dices no puede ser verdad. – 7. A quien (Al que) vea primero, le pregunto. – 8. A todas /os las / los estudiantes que quieran asistir a la función les voy a dar una entrada gratis. – 9. No dejes para mañana lo que puedas hacer hoy. – 10. El (hecho de) que hable español no significa (no quicrc dccir) nada.

7.
1. a) Die Leute, die es (im übrigen) leid waren zu warten, gingen nach Hause.
   b) Die(jenigen), die es leid waren zu warten, gingen nach Hause.
2. a) Die Leute, die Fragen stellen wollen, treffen mich im Café an der Ecke.
   b) Die(jenigen), die Fragen haben sollten, treffen mich im Café an der Ecke.
3. a) Die neue Übersetzerin, die (übrigens) Russisch kann, scheint tüchtiger als die vorherige zu sein.
   b) Die(jenige) neue Übersetzerin, die Russisch können sollte, wird mehr verdienen als die vorherige.
4. a) Ich brauche ein Buch, das den Unterschied zwischen *ser* und *estar* gut erklärt.
   b) Ich brauche das(jenige) Buch, das den Unterschied zwischen *ser* und *estar* gut erklärt. Gestern habe ich es hiergelassen, und jetzt ist es nicht mehr da.
5. a) Das Gesetz, das ja Leute mit geringem Einkommen benachteiligt, hat zur Freigabe der Mieten geführt.
   b) Das(jenige) Gesetz, das die Mieten freigeben soll, wird Leute mit geringem Einkommen benachteiligen.
6. a) Du kannst machen, was auch immer du willst. Es ist mir egal.
   b) Kann ich machen, was ich will?

8.   … un desalojo **que** tiene lugar en Bogotá en **cuyo** casco … muchas habitaciones **donde viven** muchas familias … un chico **que** se gana la vida … recién casados **que** siempre piensan en irse a la cama. Hay un tipo … **al que** llaman «Perro», **lo que** a él no le gusta … un anarquista **que** es un viejo republicano **que** se escapó … una mujer joven **cuyo** marido … uno, **cuyo** nombre no me acuerdo, **quien / el cual** tiene una serpiente **que** está domesticada y **que** se llama «Pirula».
… la historia del desalojo **que** empieza **cuando** el dueño…

El pronombre posesivo

1.   1. el mío – 2. el suyo – 3. Los tuyos – 4. Las nuestras (Las mías) – 5. la tuya / la vuestra – 6. el vuestro – 7. la mía – 8. el mío (el nuestro) – 9. El mío (El tuyo) – 10. la mía (la nuestra)

2.   1. mía – 2. tuyos – 3. suyo – 4. suyas – 5. mío / Tuyo – 6. suyos (míos, nuestros) – 7. suya – 8. vuestra / suyo – 9. suya

3. 1. La mía – 2. Mi – 3. los míos – 4. mi – 5. la suya – 6. tu – 7. mi – 8. la tuya – 9. lo suyo – 10. el suyo – 11. mío – 12. mía – 13. mi – 14. mías – 15. tus – 16. mi – 17. la suya

El artículo

1. 1. la – 2. la – 3. el – 4. el – 5. la – 6. el – 7. la – 8. la – 9. el – 10. la – 11. el – 12. la – 13. la – 14. el – 15. el – 16. el – 17. el – 18. el – 19. la – 20. el

2. 1. de – 2. la – 3. El – 4. del / Del – 5. un – 6. — – 7. del / La – 8. el / la / las – 9. una / las / las / las

3. Las frases que **no** son gramaticales: 1 / 2 / 5 / 7 / 10 / 11

4. A: 4 / 5 / 7   B: 1 / 2 / 3 / 6 / 8
1. ... wurden Cafayate Weine gereicht – 2. Vielleicht Federn – 3. die Kinder sind keine Diebe – 4. Ich bin Berlinerin. – 5. Ein Berliner. – 6. denn ich habe ein Auto. – 7. weil ich eine kalte ... Wohnung habe. – 8. Nimm eine halbe Aspirintablette

5. 1. El – 2. — / el – 3. Los – 4. — – 5. — / el – 6. el / — – 7. — / el – 8. — – 9. — – 10. las – 11. el / lo / las

6. 1. — – 2. un – 3. el – 4. un / un – 5. — / un – 6. el – 7. al / — / — – 8. los / los – 9. — / las – 10. uno

7. 1. — / — / — / — / un / los /Las / las / los – 2. unas o — / las / unas o — / unos o — / las / — – 3. — / el / un – 4. — / — / un – 5. Los / Un / un – 6. el / la / el / la / — / — – 7. las / los – 8. la / — – 9. — / — / las / — / — / los – 10. — / las

El adjetivo

Posición del adjetivo

1. 1. programa interesantísimo / interesantísimos programas – 2. madrileña calle / calle madrileña – 3. grandísimo problema / problema grandísimo – 4. peor día / días mejores o peores – 5. hermanita nueva / hermanitas nuevas

Apócope

2. 1. primero (tercero) / primera / primer / tercer (primer) / primero (tercero) – 2. mal / Malos / mala – 3. Buenos / Buenos / mal / buen – 4. Santo / San / Santa – 5. Gran / grandes / gran / gran / grandes / grandes

3. 1. ningún / ninguna / cualquiera / cualquier – 2. Veintiuno ... veintiuno / vein- tiún – 3. cien / algún – 4. diez mil / Cualquier / Cualquiera – 5. ningún – 6. ningunas – 7. algún / ninguna – 8. cientos / miles – 9. Ciento veintiún mil / Ciento treinta y uno

4. 1. especial, importante, muy esperado – 2. fuera de lo común *(ungewöhnlich)*, excepcional, importante, de mérito o valor – 3. que inspira (da) lástima *(Mitleid)* – 4. Que conoce desde hace muchos años, pero que puede ser joven de edad. – 5. Como si tuviera muchos años. – 6. de tamaño excesivo para su uso – 7. sin recursos – 8. de grandes dimensiones / sin recursos económicos / una parte considerable, enorme / *(como lo anterior)* /importante / graves / que inspira lástima.

Gradación y oraciones comparativas

5.   1. más / México – 2. menos / 10 por km cuadrado – 3. más de / 4 millones – 4. más / Concepción – 5. más de / menos – 6. más de / Perú y Bolivia – 7. más ... que / norte / Caribe – 8. mayor / andina – 9. más / Brasil – 10. Tanto ... como / inglés

6.   1. de lo que – 2. que – 3. de lo que – 4. de – 5. que – 6. que / de – 7. de lo que – 8. de – 9. de lo que – 10. de

7.   1. los más / de todos los – 2. el menor de todos – 3. la mejor de todas las – 4. el peor de todos los (uno de los peores) – 5. uno de los más – 6. la más / de todas – 7. más / de todas las – 8. el mejor de toda – 9. uno de los más grandes (uno de los peores) – 10. Los mejores

muy – mucho / mucha /o(s)   –   tan ..., tanto ..., tanta /o(s) ... como

8.   1. mucho – 2. muchas / muchos – 3. muchas / mucho – 4. muy / mucha – 5. muchos / muy – 6. muy / muchas / mucho – 7. tan ... como / tanto como – 8. tanto (mucho) / tan / tantos ... como – 9. tan ... como / mucho / tanto ... como / tan ... como / muchas / muy – 10. tan ... como / mucho / muchas

9.   1. muchísimas – 2. menos – 3. menor – 4. peor

El adverbio

1.   1 b – 2 ch – 3 e – 4 f – 5 i – 6 ll – 7 n – 8 o

2.   fuera – antes – tarde – pronto – allí – despacio – así – hoy – ayer – mañana – alto – ahí – poco

3.   1. acá (aquí) – 2. allá – 3. acá – 4. aquí (acá) / ahí – 5. ahí (allí) – 6. Ahí (Allí) / Ahí (Allí) / allá (acá, aquí) – 7. aquí (acá) / allí (ahí) – 8. ahí – 9. acá (aquí) – 10. aquí / acá

4.   1. Perfectamente – 2. lentamente – 3. clara y lentamente – 4. Felizmente – 5. Realmente – 6. Francamente – 7. curiosamente – 8. indudablemente – 9. lenta y concienzudamente

5.   1. especialmente – 2. ligeramente – 3. extraordinariamente (verdaderamente) – 4. verdaderamente (realmente) – 5. algo / más bien – 6. demasiado – 7. Medio (un poco) – 8. bastante (verdaderamente, realmente) – 9. especialmente / extraordinariamente (o viceversa) (demasiado) – 10. realmente (verdaderamente)

6.   1. bien – 2. bien / buenas – 3. Ya / Todavía / Ya no – 4. durante / mientras – 5. Todavía / Ya – 6. bueno / bien – 7. durante / mientras – 8. buenas / buen / bien

7.   1. verdaderamente *(wirklich)* / De verdad *(im Ernst)* – 2. sumamente *(sehr)* / en suma *(kurz und gut)* – 3. Finalmente *(endlich)* / En fin *(Na ja)* – 4. con precisión *(genau)* / precisamente *(gerade)* – 5. excepcionalmente *(außergewöhnlich)* / con excepción *(außer)* – 6. Por último *(zuletzt)* / últimamente *(in letzter Zeit)* – 7. totalmente *(völlig)* / en total *(insgesamt)* – 8. contrariamente *(ganz anders)* / al contrario *(ganz im Gegenteil)*

Preposiciones

ir a / hasta	**venir** por	**llegar** a	**entrar** por
por	hacia	hasta	a
hacia / para	de		hasta
de ... hasta	desde		**pasar** por
desde ... hasta	a		a
de ... a			

viajar a	**volver** de	**caminar** por	**salir** a
por	a	hacia	de
de ... a	por	de ... hasta	para
desde ... hasta	para	desde ... hasta	

1.a 1. por / a / por – 2. De / a / por – 3. hacia / hasta – 4. de / a – 5. de / a / hasta (a) / a – 6. del / a / por / hacia – 7. por / a / por / del – 8. de / por / a

2. 1. A / a – 2. — / — – 3. — / a / — – 4. a / a – 5. a / — – 6. A / — – 7. a / a – 8. — / a – 9. —

3. 1. al – 2. — / — – 3. a / — / — – 4. — / — / — – 5. — / — – 6. — / — / — – 7. a / —

4. 1. para – 2. por – 3. con – 4. — / — – 5. — / — – 6. — / Por / por – 7. Hacia – 8. hasta / hasta / — – 9. — / hasta / hasta

5. 1. en / a – 2. a / de (a) – 3. a / para – 4. a / en – 5. a – 6. para / a – 7. con / a – 8. para (a) / para – 9. a / para – 10. por / a

6. 1. de / — – 2. — / de – 3. de – 4. de – 5. de / de – 6. — – 7. — / de – 8. de / de / de

7. 1. — – 2. — – 3. a – 4. a – 5. a / de – 6. — – 7. — – 8. de – 9. a – 10. de / a / —

8. 1. por – 2. de – 3. de – 4. de – 5. de – 6. por – 7. de / de – 8. por

9. salir para – caminar / viajar / pasar por – ir por el norte y volver por el sur; mandar por fax; llamar por teléfono – por la derecha; por ahí; por ese barrio – por la tarde ; por el año sesenta o sesenta y tres – para mi cumpleaños; para Pascuas; para la semana que viene – por el mal tiempo; por mí; lo hago por ti – para aprender español – pagar por; vender / comprar por nada – fue escrito por – para ti; comprar algo para alguien – Por ser extranjero, habla bien. – La casa está para pintar.

10. 1. para – 2. por – 3. por – 4. por / por – 5. por – 6. para – 7. para – 8. por – 9. por – 1o. por – 11. por – 12. por / por

11. 1. para / por – 2. Por (Para) / para – 3. para / por – 4. por / para – 5. por / para – 6. para / por – 7. por / para – 8. para / por – 9. por / para – 10. por / para – 11. por / para – 12. para / para

12. 1. de – 2. de – 3. en – 4. de – 5. del (sobre) – 6. por – 7. para – 8. por – 9. para – 10. de – 11. en – 12. a – 13. Para – 14. con – 15. de – 16. de

La poesía «Yo no sé nada ...», llena del sufijo –ción, –sión, pertenece al libro «Espantapájaros», publicado por la Editorial Losada, Buenos Aires 1990.
Si este tipo de poesía te gusta, también podrás leer en «La Masmédula» otros poemas que, además de ser divertidos, están llenos de afijos.

Der nicht geklärte urheberrechtliche Anspruch an diesem Gedicht bleibt gewahrt.